行政法与行政诉讼法学习指导

（第2版）

姚来燕　编写

国家开放大学出版社 · 北京

图书在版编目（CIP）数据

行政法与行政诉讼法学习指导 / 姚来燕编写.
2 版. -- 北京：国家开放大学出版社，2024.7（2025.5 重印）.
ISBN 978 -7 -304 -12554 -7
Ⅰ. D922.1；D925.3
中国国家版本馆 CIP 数据核字第 2024407JS9 号

行政法与行政诉讼法学习指导（第 2 版）
XINGZHENGFA YU XINGZHENG SUSONGFA XUEXI ZHIDAO（DI 2 BAN）
姚来燕　编写

出版·发行： 国家开放大学出版社
电话： 营销中心 010 -68180820　　总编室 010 -68182524
网址： http://www.crtvup.com.cn
地址： 北京市海淀区西四环中路 45 号　　**邮编：** 100039
经销： 新华书店北京发行所

策划编辑： 王国华　　**版式设计：** 何智杰
责任编辑： 张倩颖　　**责任校对：** 冯兆鑫
责任印制： 陈　晨　马　严

印刷： 中煤（北京）印务有限公司
版本： 2024 年 7 月第 2 版　　2025 年 5 月第 3 次印刷
开本： 787mm×1092mm　1/16　　**印张：** 9　　**字数：** 172 千字

书号： ISBN 978 -7 -304 -12554 -7
定价： 24.00 元

（如有缺页或倒装，本社负责退换）
意见及建议：OUCP_KFJY@ouchn.edu.cn

“行政法与行政诉讼法”课程说明

“行政法与行政诉讼法”是国家开放大学法律事务专业和行政管理专业（本科）的一门必修课。本课程课内90学时，5学分。

随着依法治国理念的确立，如何更好地规范国家行政权、保护行政相对人的合法权益受到社会的极大重视。该课程内容就是围绕行政权和公民权的理论和体系展开的，讲述了行政法学的基础理论和具体制度，主要包括行政法概述、行政主体、行政行为概述、抽象行政行为、行政许可、行政强制、行政处罚、其他重要的行政行为、行政程序、行政复议、行政诉讼、行政赔偿与行政补偿。学生通过对这些行政法学基础理论及主要具体制度的学习，可以系统地掌握行政法与行政诉讼法的基本原理和具体的制度与规则，提高运用行政法与行政诉讼法进行理论分析和解决实际问题的能力，培养法律意识，树立依法治国的理念。

通过本课程的学习，学生应该做到：

（1）了解我国行政法与行政诉讼法的基本理论和基本知识。

（2）理解并掌握我国行政法与行政诉讼法的主要具体制度与规则内容。

（3）运用行政法与行政诉讼法的基本原理并根据相关法律、法规，分析和解决涉及行政法的案例与实际问题。

本课程的文字教材编写采用分立型，包括主教材和配套学习指导。主教材由中国人民大学胡锦光教授编写，学习指导由国家开放大学姚来燕教授编写。学习指导依据主教材编写，主要是对主教材的教学内容做进一步提炼；主教材修改，学习指导也相应进行修改。学习指导配备了大量的习题，便于学生巩固练习和检验学习效果。同时，学习指导特别设计了“扫一扫看变化”二维码，以便学生及时了解有关立法的最新情况和教材勘误信息。

扫一扫看变化

目 录

第一章 行政法概述

学前思考练习

1. 谈谈你对“行政”的理解。
2. 说说你对“行政法”的认识。
3. 你认为行政诉讼法的作用有哪些？

具体学习目标

1. 掌握行政法的含义和特征；掌握行政法律关系的含义和构成要素；掌握行政法的渊源与分类。
2. 理解我国行政法基本原则的内容。
3. 了解行政的含义和特征；了解行政法基本原则的作用。

具体考核要求

识记：（1）行政；（2）行政法；（3）行政关系；（4）行政法律关系；（5）行政法律关系的主体；（6）行政相对人；（7）行政法律关系的客体；（8）行政法律

关系的内容；（9）行政法律事实；（10）行政法律关系的变更；（11）行政法律关系的消灭；（12）行政法的渊源；（13）实体行政法；（14）程序行政法；（15）一般行政法；（16）特别行政法；（17）行政组织法；（18）行政行为法；（19）行政监督法；（20）行政救济法。

领会：（1）行政法律关系与行政关系的区别；（2）行政法律关系的含义；（3）行政法律关系的构成要素；（4）行政法律事实的分类；（5）行政法律关系的产生、变更与消灭的条件及各种情形；（6）行政法的几种渊源形式；（7）行政法的特征；（8）行政法的分类；（9）行政法的基本原则；（10）行政合法性原则；（11）行政合理性原则；（12）行政法基本原则的作用。

应用：（1）分析案例中的行政法律关系；（2）运用行政法基本原则分析案例。

本章名词术语

1. 行政法是法律体系中的一个独立部门，是调整因行政主体行使行政职权而产生的特定社会关系的法律规范的总称。

2. 行政法律关系是法律关系的一种，是由行政法律规范调整的、因行政主体行使行政职权而形成的行政关系——行政主体之间、行政主体与其组成机构及公务员之间、行政主体与行政相对人之间，因行政主体行使行政职权而形成的权力与权力、权利与义务关系。

3. 行政相对人简称“相对人”，是在行政法律关系中与行政主体相对应，处于被管理和被支配地位的公民、法人或者其他组织，以及国家机关。

4. 行政法律事实，即由行政法律规范规定的，能够引起行政法律关系产生、变更或消灭的客观现象。

5. 行政法的渊源是指行政法的外部表现形式。

重点难点内容

一、行政法的含义

行政法是法律体系中的一个独立部门，是调整因行政主体行使行政职权而产生的特定社会关系的法律规范的总称。

二、 行政法的特征

1. 行政法在内容上的特征

（1）行政法内涵丰富、范围广泛、技术性较强。

（2）行政法具有很强的命令性、服从性。

（3）行政法律规范的内容易于变动。

2. 行政法在形式上的特征

（1）行政法律规范数量繁多，表现形式多样，没有统一、完整的法典。

（2）行政法实体性规范与行政法程序性规范相互交织，往往共存于同一个法律文件中。

三、 行政法律关系的含义

行政法律关系是法律关系的一种，是由行政法律规范调整的、因行政主体行使行政职权而形成的行政关系——行政主体之间、行政主体与其组成机构及公务员之间、行政主体与行政相对人之间，因行政主体行使行政职权而形成的权力与权力、权利与义务关系。由此可见，行政法律关系至少包括以下几层含义：行政法律关系的产生以行政法律规范的存在为前提；行政法律关系以特定的行政关系为调整对象；行政法律关系双方主体中必有一方是行使行政职权的行政主体；在行政法律关系的形成中，行政主体的意志和行为具有单方性；行政法律关系是由国家强制力保证实现的社会关系。

四、 行政法律关系的构成要素

行政法律关系包括行政法律关系的主体、行政法律关系的客体和行政法律关系的内容三个不可缺少的组成部分，即构成行政法律关系的三要素。行政法律关系的主体，即参加行政法律关系的当事人，也就是行政法律关系中的权利享有者和义务承担者。尽管行政法律关系的参加者非常广泛，但是根据行政法律关系的性质，其可划分为行政主体和行政相对人（或称“行政相对方”）两个组成部分。行政法律关系的客体，即行政法律关系主体的权利、义务所指向的对象。行政法律关系的客体包括人身、行为和财物等事项。行政法律关系的内容，即行政法律关系主体所享有的权利和所承担的义务的总和。

五、行政法律事实

行政法律事实，即由行政法律规范规定的，能够引起行政法律关系产生、变更或消灭的客观现象。它可以划分为法律事件和法律行为两种事实：前者是指能够导致行政法律关系产生、变更或消灭的不以人们的意志为转移的客观现象；后者是指能够引起行政法律关系产生、变更或消灭的人们的有意识的活动。

六、行政法的渊源

行政法的渊源是指行政法的外部表现形式。行政法的渊源可以分为以下几种形式：宪法、法律、行政法规、地方性法规、自治条例和单行条例、规章、法律解释和国际条约等。

七、行政法的分类

常见的行政法分类主要有以下几种：

（1）一般行政法与特别行政法。这是以行政法调整对象的范围为标准对行政法进行的划分。

（2）实体行政法与程序行政法。这是以行政法规范的性质为标准对行政法进行的划分。

（3）行政组织法、行政行为法、行政监督法和行政救济法等。这是以行政法的作用为标准对行政法进行的划分。

（4）经济行政法、军事行政法、公安行政法等。这是以国家行政管理部门或行政管理领域的划分为标准对行政法进行的划分。

八、我国行政法基本原则的内容

1. 行政合法性原则

在我国，行政合法性原则是指行政主体的设立、行政职权的拥有和行政职权的行使都必须依据法律、符合法律，不得与法律相抵触，任何违法行政行为都应当承担相应的法律责任。它主要包括以下几个方面的内容：

（1）行政主体的设立必须合法。

（2）行政职权的拥有应当合法。

（3）行政职权的行使应当合法。

（4）违法行使行政职权应当承担法律责任。

2. 行政合理性原则

行政合理性原则是在我国行政法中与行政合法性原则相并列的又一项基本原则，它是指行政主体的设立、行政职权的拥有、行政职权的行使、违法行为的追究和行政救济的实施等都必须正当、客观、适度。它主要包括以下几个方面的内容：

（1）行政主体的设立应当合理。

（2）行政职权的拥有应当合理。

（3）行政职权的行使必须合理。

（4）违法行为的追究和行政救济的实施应当合理。

课后思考练习

1. 选择题

（1）下列有关行政法特征的说法，正确的是（　　）。

A. 实体行政法律规范集中规定在统一法典之中

B. 行政法内容单一

C. 行政法律规范的内容易于变动

D. 行政机关可以通过自主协商确定行政权利义务

答案：C

（2）在行政法律关系双方当事人中，（　　）。

A. 必有一方是行政主体　　　B. 行政相对人总是公民

C. 必有一方是国家行政机关　　　D. 权利义务关系是平等的

答案：A

（3）行政法所调整和规定的，具有行政法上权利和义务内容的各种社会关系，被称为（　　）。

A. 行政法律关系　B. 行政法关系　C. 行政关系　D. 行政法律行为

答案：A

（4）以行政法的作用为标准来划分，行政法可以分为（　　）。

A. 实体行政法与程序行政法

B. 一般行政法与特别行政法

C. 中央行政法与地方行政法

D. 行政组织法、行政行为法、行政监督法和行政救济法等

答案：D

（5）下列属于我国行政法渊源的有（　　）。

A. 宪法和法律　B. 行政法规与规章

C. 地方性法规　D. 自治条例和单行条例

答案：ABCD

（6）行政法律关系的构成要素包括（　　）。

A. 主体　B. 客体　C. 内容　D. 形式

答案：ABC

（7）公民甲因赌博，被某市公安局的某区公安分局处以拘留 7 天的行政处罚，本案例中行政法律关系的主体是（　　）。

A. 公民甲　B. 某派出所

C. 某区公安分局　D. 某市公安局

答案：AC

2. 名词解释

行政法　行政法律关系　行政相对人

行政法律事实　行政法的渊源

3. 简答题

（1）简述行政法的特征。

（2）简述行政法律关系的构成要素。

4. 论述题

（1）论述行政法律关系。

（2）论述我国行政法的基本原则。

5. 案例分析

案情简介：

李某系从事饮食业的个体工商户，出售自制的蛋糕，李某自制的蛋糕未经有关

部门检验，被某市市场监督管理局查获。根据个体饮食业监督管理的有关规定，对此类违法行为，应予以警告、没收违禁食品和违法所得，并处以违法所得 1 倍以上 5 倍以下罚款；无违法所得的，处以 1 万元以下罚款；情节严重的，可责令停业整顿或者吊销其营业执照。在市场监督管理局查获前，李某出售蛋糕共获利 800 元。根据个体饮食业监督管理的有关规定，市场监督管理局没收了李某尚未出售的蛋糕和违法所得 800 元。此外，市场监督管理局认为，李某曾因故意伤害罪而被判刑 3 年，1 年前刚出狱，因此要重罚，又对李某处以 2 000 元的罚款。

问题：

（1）市场监督管理局对李某的违法行为进行的行政处罚是否合法？

（2）市场监督管理局对李某的违法行为进行的行政处罚是否合理？

（3）你认为本案应如何处理？

简要分析：

（1）市场监督管理局的行政处罚行为是合法的。本案中，根据个体饮食业监督管理的有关规定，市场监督管理局没收了李某尚未出售的蛋糕和违法所得 800 元，并处以 2 000 元的罚款都是法定处罚种类，并且在法定处罚幅度内，其行为没有超越法律，不与法律相抵触，是合法的。

（2）市场监督管理局的行政处罚行为不合理，违背了行政合理性原则。市场监督管理局在法定幅度内的自由裁量权行使得不恰当，对李某进行 2 000 元的罚款，除以其违法事实情节等为依据外，主要是基于一种不正当的考虑而作出的行政处罚行为，违背了行政合理性原则，属于不合理的行为。

（3）市场监督管理局作出变更处罚，处罚理由中应删除“李某曾因故意伤害罪而被判刑 3 年，1 年前刚出狱，因此要重罚”的内容，应直接依据个体饮食业监督管理的有关规定作出处罚。

第二章 行政主体

学前思考练习

1. 行政主体这个法律术语比较难理解，请同学们带着几个小问题开启本章的学习：行政主体就是行政机关吗？行政机关与行政机构相同吗？公务员是行政主体吗？

2. 你认为公务员都有哪些身份？

3. 请阅读《中华人民共和国公务员法》（简称《公务员法》）全文。

法律速查

具体学习目标

1. 掌握行政主体的含义和类型；掌握行政主体间的职务关系；掌握行政机关的含义和特征；掌握公务员的概念、特征与范围。

2. 理解行政主体资格；理解我国行政机关体系；理解法律、法规授权的组织的含义和范围；理解行政机关委托的组织的含义和范围；理解公务员的法律身份；理解公务员法律关系的产生、变更与消灭。

3. 了解行政主体间的职务纠纷及其处理原则；了解行政主体地位。

具体考核要求

识记：（1）行政主体；（2）外部行政主体；（3）内部行政主体；（4）中央行政主体；（5）地方行政主体；（6）职权行政主体；（7）授权行政主体；（8）地域性行政主体；（9）公务性行政主体；（10）行政主体资格；（11）行政主体地位的含义；（12）行政主体间的职务关系；（13）行政机关的含义；（14）法律、法规授权的组织的含义；（15）行政机关委托的组织的含义；（16）公务员的概念；（17）公务员的法律身份。

领会：（1）行政主体的特征；（2）行政主体的类型；（3）行政机关的特征；（4）我国行政机关体系；（5）法律、法规授权的组织与行政机关委托的组织的区别；（6）公务员的特征；（7）公务员法律关系的产生、变更与消灭；（8）公务员的权利与义务。

应用：（1）运用行政主体原理分析案例；（2）分析案例中公务员的法律身份、权利与义务。

本章名词术语

1. 行政主体是指依法拥有行政职权，能以自己的名义行使行政职权，并能独立地对自己行使行政职权的行为产生的后果承担相应法律责任的机关或组织。

2. 行政主体资格是行政机关和有关组织以独立法律地位与管理者的身份参加行政法律关系时所应具备的条件。

3. 行政机关是指按照宪法和组织法的规定而设立的依法享有国家行政职权、对国家各项行政事务进行组织和管理的国家机关。

4. 法律、法规授权的组织是指行政机关以外的组织，它是指依据法律、法规的特别授权而取得行政主体资格，并能行使行政职权的非行政机关。

5. 行政机关委托的组织是指受行政主体的委托，按照委托范围，以委托行政主体的名义行使被委托的行政职权的组织。

6. 公务员是指依法履行公职、纳入国家行政编制、由国家财政负担工资和福利的工作人员。

重点难点内容

一、行政主体的含义

行政主体是指依法拥有行政职权，能以自己的名义行使行政职权，并能独立地对自己行使行政职权的行为产生的后果承担相应法律责任的机关或组织。

二、 行政主体的类型

（1）外部行政主体和内部行政主体。这是根据行政主体实施行政职权的范围不同划分的。在我国，外部行政主体可以分为九种类型：国务院、国务院各部委、国务院各直属机构、国务院各办事机构、国务院各部委管理的国家局、地方各级人民政府、地方各级人民政府的职能部门、地方各级人民政府的派出机关、被授权的组织。在我国，内部行政主体主要包括以下种类：行政机关、领导机构、办公机构、内部事务管理机构。

（2）中央行政主体和地方行政主体。这是根据行政主体的职权范围不同划分的。

（3）职权行政主体和授权行政主体。这是根据行政主体职权的性质与法律来源不同划分的。

（4）地域性行政主体和公务性行政主体。这是根据行政主体管辖的对象不同划分的。

三、 行政主体资格

行政主体资格是行政机关和有关组织以独立法律地位与管理者的身份参加行政法律关系时所应具备的条件。

四、 行政主体法律地位的双重性

（1）行政主体代表国家参加行政法律关系。

（2）行政主体在行政法律关系中居于管理者的地位。

五、行政主体间的职务关系

行政主体间的职务关系是指行政主体作为管理者在享有和行使行政职权的过程中形成的相互之间的关系。根据行政主体之间有无隶属关系或隶属关系的紧密程度，行政主体间的职务关系可分为三种类型：领导与被领导关系、指导与被指导关系和公务协助关系。

六、行政机关的含义和特征

行政机关是指按照宪法和组织法的规定而设立的依法享有国家行政职权、对国家各项行政事务进行组织和管理的国家机关。行政机关具有以下特征：

（1）行政机关从其成立之日起就具有行政主体资格。

（2）行政机关从其成立之日起就具有相应的优益性。

（3）行政机关有较为稳定的组织机构和公务员编制。

七、行政主体与行政机关的关系

行政主体与行政机关存在一种不完全的包含关系，其表现是：

（1）行政主体主要由行政机关构成，但行政机关之外的社会组织和行政机关内部的行政机构在特定的条件下也可以成为行政主体。

（2）行政机关虽然都可以成为行政主体，但并非在任何场合都是行政主体，行政机关只有参加行政法律关系，并行使行政管理职能，才能成为行政主体。

八、法律、法规授权的组织

法律、法规授权的组织是指行政机关以外的组织，它是指依据法律、法规的特别授权而取得行政主体资格，并能行使行政职权的非行政机关。归纳起来，法律、法规授权的组织有以下几类：

（1）行政机构。

（2）社会团体。

（3）企业单位。

（4）事业单位。

法律、法规授权的组织在依法行使被授予的行政职权时，成为行政主体的组成部分。

九、 行政机关委托的组织

行政机关委托的组织是指受行政主体的委托，按照委托范围，以委托行政主体的名义行使被委托的行政职权的组织。行政实践中，委托组织行使行政职权的现象大量存在，这些委托组织不仅包括行政机构、社会团体、企业单位、事业单位，还可以包括某些个人或某些私人组织。行政机关委托的组织不是行政主体的组成部分，而是以委托行政机关的名义代理委托行政机关行使行政职权，因此，它不直接承担因此而产生的法律后果。

十、 公务员的概念和特征

公务员是指依法履行公职、纳入国家行政编制、由国家财政负担工资和福利的工作人员。公务员具有以下几个特征：

（1）必须是履行公职的工作人员。

（2）必须是纳入国家行政编制的工作人员。

（3）必须是由国家财政负担工资和福利的工作人员。

（4）必须是依法定的方式和程序任用的工作人员。

只有同时符合以上四个条件，才能成为国家公务员。

十一、 公务员的法律身份

公务员具有多重的法律身份，即公民身份、国家公务员身份和机关的代表身份。

十二、 我国公务员的义务和权利

根据《公务员法》第14条的规定，公务员应当履行下列义务：

（1）忠于宪法，模范遵守、自觉维护宪法和法律，自觉接受中国共产党领导。

（2）忠于国家，维护国家的安全、荣誉和利益。

（3）忠于人民，全心全意为人民服务，接受人民监督。

（4）忠于职守，勤勉尽责，服从和执行上级依法作出的决定和命令，按照规定的权限和程序履行职责，努力提高工作质量和效率。

（5）保守国家秘密和工作秘密。

（6）带头践行社会主义核心价值观，坚守法治，遵守纪律，恪守职业道德，模范遵守社会公德、家庭美德。

（7）清正廉洁，公道正派。

（8）法律规定的其他义务。

根据《公务员法》第15条的规定，公务员享有下列权利：

（1）获得履行职责应当具有的工作条件。

（2）非因法定事由、非经法定程序，不被免职、降职、辞退或者处分。

（3）获得工资报酬，享受福利、保险待遇。

（4）参加培训。

（5）对机关工作和领导人员提出批评和建议。

（6）提出申诉和控告。

（7）申请辞职。

（8）法律规定的其他权利。

十三、公务员法律关系的产生、变更与消灭

公务员法律关系的产生，是指公务员经过法定的程序和方式开始担任国家公职。通常，公务员法律关系通过选任、委任、聘任和考任等方式产生。

公务员法律关系的变更，是指在公务员任职期间，因某种法律事实的出现而引起公务员法律关系内容发生的变化，但公务员的身份没有变化。这些法律事实通常指：①职务晋升；②降职；③转任；④撤职。

公务员法律关系的消灭，是指出现一定法律事实或法律行为，导致公务员身份的丧失。这主要包括以下情形：①辞去公职；②辞退；③退休；④罢免；⑤开除；⑥死亡；⑦丧失国籍。

课后思考练习

1. 选择题

（1）下列说法正确的是（　　）。

A. 行政机关并不是唯一的行政主体

B. 行政机关是唯一的行政主体

C. 行政机关在任何场合都是行政主体

D. 行政主体与行政机关相同

答案：A

（2）下列属于公务员法律关系消灭的是（　　）。

A. 调任　　B. 退休　　C. 升职　　D. 委任

答案：B

（3）下列组织中不属于行政机关的是（　　）。

A. 青岛海关　　B. 市消费者协会

C. 教育部　　D. 乡人民政府

答案：B

（4）下列说法不正确的是（　　）。

A. 在我国，乡（镇）人民政府是最基层的人民政府，领导和管理所辖行政区域内的行政事务

B. 派出机关是指由地方县级以上人民政府经有权机关批准，在一定区域内设立的，不是一级人民政府

C. 乡（镇）人民政府内部只设办事机构，不设职能部门

D. 在我国，居委会是最基层的人民政府

答案：D

（5）行政机关委托的组织必须以委托的行政机关的名义实施行政管理活动，其后果（　　）。

A. 由委托的行政机关承担

B. 由自己承担

C. 由自己与委托的行政机关共同承担

D. 根据具体情况决定由谁来承担

答案：A

（6）新录用的公务员的试用期为（　　）。

A. 3 个月　　B. 6 个月　　C. 1 年　　D. 2 年

答案：C

（7）公务员在定期考核中被确定为不称职的，应当按照规定程序（　　）。

A. 调任　　B. 调出　　C. 挂职锻炼　　D. 降职

答案：D

（8）公务员一经任用，非经法定程序不被免职、降职、辞退或者行政处分，这

属于公务员的（　　）。

A. 身份保障权　　B. 依法执行公务权

C. 申诉控告权　　D. 享受报酬、福利权

答案：A

（9）关于行政主体与行政机关，以下说法正确的是（　　）。

A. 行政机关等同于行政主体

B. 行政机关一定是行政主体

C. 一个行政机关在不同情况下既可以是行政主体，也可以不是行政主体

D. 行政主体不包括行政机关

答案：C

（10）不得录用为公务员的情形有（　　）。

A. 曾因犯罪受到刑事处罚的　　B. 曾被开除公职的

C. 相貌欠佳的　　D. 有法律规定不得录用情形的

答案：ABD

（11）能够作为行政主体的行政机关包括（　　）。

A. 国务院各部委　　B. 地方各级人民政府的职能部门

C. 地方人民政府的派出机关　　D. 全国人大常委会

答案：ABC

（12）根据《公务员法》的规定，可以引起公务员法律关系产生的是（　　）。

A. 选任　　B. 委任　　C. 聘任　　D. 考任

答案：ABCD

2. 名词解释

行政主体　　行政主体资格　　行政机关

法律、法规授权的组织　　行政机关委托的组织　　公务员

行政主体间的职务关系

3. 简答题

（1）简述行政主体的类型。

（2）简述行政主体间的职务关系。

（3）简述行政机关的含义和特征。

（4）简述法律、法规授权的组织与行政机关委托的组织的区别。

（5）简述公务员的概念和特征。

（6）简述我国公务员的义务。

（7）简述我国公务员的权利。

4. 论述题

（1）论述行政主体与行政机关的关系。

（2）论述我国公务员的权利和义务。

5. 案例分析

案例一

案情简介：

20××年10月，孙某大学毕业后参加公务员考试，选择了较为偏远的A市气象局业务管理员的岗位，笔试成绩达到了国家相关管理部门划定的市气象局录用分数线。面试过后，该局通知其做好体检的准备，但体检日的前一天晚上，该局又电话告知孙某，其面试、笔试的综合成绩不合格，不能参加体检，不予录用。孙某觉得蹊跷，通过查询成绩，得知自己的综合成绩完全符合该职位的录用标准。与孙某同去面试的吴某虽然综合成绩比孙某差，但是被通知参加体检，且体检通过了。孙某去找气象局领导询问理由，得知自己的各项指标均符合要求，仅因为右边脸上有一块黑色的胎记，该局认为在形象上过不了关，就决定不予孙某参加体检。另一位也通过面试的白某在询问有关事宜时，该局办公室主任钱某暗示赶紧"意思"一下，保证过关，于是白某连夜给钱某送去了一份"厚礼"。第二天一早，钱某与局里另外几位领导召开碰头会决定录用吴某和白某二人，没有将此决定告知孙某，也没有进行公示。会议一结束，钱某要求办公室张某不要声张，尽快把这件事安排妥当，以免节外生枝。张某觉得不妥，没有立即着手办理，钱某威胁："反了，竟然推三阻四，有你好受的！"张某只好按照钱某的意思办理了。

问题：

（1）该局在录用公务员的过程中存在哪些问题？其应该承担什么法律责任？

（2）孙某可以通过什么法律途径来维护自己的合法权益？

（3）张某在工作中若对上级的决定有意见，应该怎么处理？

简要分析：

（1）该局在录用公务员的过程中违反了公平竞争、择优录取以及任人唯贤的原则，没有根据考试成绩确定考查人选，并对其进行体检，没有根据考试成绩和体检结果就提出录用名单，也没有进行公示。

该局的行为属于不按照规定的程序进行公务员录用的情况，可以由有关领导机关或者公务员主管部门按照管理权限，区别情况分别予以责令纠正或者宣布无效；对负有责任的领导人员和直接责任人员，根据情况轻重，给予批评教育或者处分；

构成犯罪的，依法追究刑事责任。

（2）孙某可以对该局不予录用的行为向该局所在的本级人民政府或者上一级主管部门申请复议，对复议不服的，可以向人民法院提起行政诉讼；也可以直接向人民法院提起行政诉讼。

（3）张某如果对该局办公室主任钱某的决定有意见，可以向钱某提出改正或者撤销该决定的意见；钱某如果不改变该决定或者要求张某立即执行，张某应当执行该决定，执行的后果由上级负责。本案中，张某执行的这个决定明显违法，他自己也应当依法承担相应的责任。

案例二

案情简介：

甲与乙发生债务纠纷，甲欠乙 2 万元。由于甲长期拖欠债务不还，乙便找到在县公安局工作的同学王某，请他帮忙解决问题，王某答应帮忙追款。20××年 6 月 17 日，王某身着公安人员制服，在没有出具任何法律文书的情况下，将甲带到某招待所询问两个多小时，并扣押了甲的手机、摩托车等物品，令其 5 天内还款，否则将以经济诈骗论处。甲无奈，第二天将 2 万元还给乙，但王某迟迟不将扣押的财物归还。经多次交涉无效，甲遂以县公安局为被告，向人民法院提起行政诉讼。

问题：

（1）王某行为的性质是个人行为还是公务行为？为什么？

（2）县公安局能否成为被告？为什么？

（3）你认为人民法院如何解决本案？

简要分析：

（1）王某的行为是个人行为。本案涉及公务员的身份问题，公务员具有多重的法律身份，即公民身份、国家公务员身份和机关的代表身份。以公民身份从事行为的，其行为代表个人，不具有强制性，行为后果由自己承担。以国家公务员身份从事公务行为的，其公务行为具有强制性，行为后果由公务机关承担，所属公务机关对公务员过错负连带责任。本案中，王某虽身着公安人员制服，但没有履行任何法律程序，行为的目的不是执行公务，而是为朋友讨债，其行为应认定为个人行为。

（2）县公安局不能成为本案的被告。《中华人民共和国行政诉讼法》（简称《行政诉讼法》）规定，公民、法人或者其他组织直接向人民法院提起诉讼的，作出行政行为的行政机关是被告。本案中，王某的行为是个人行为，不是县公安局的行政行为，故县公安局对行为的后果不承担责任。

（3）人民法院会裁定不予受理，同时告知甲可以通过民事诉讼的途径解决被扣押财物问题。

案例三

案情简介：

张某是某市车站路边摆摊卖小吃的个体户。20××年8月20日，张某与顾客谢某发生争执，继而相互推搡，致使谢某跌伤了右腿。第二天，某市某区公安分局治安科依据《中华人民共和国治安管理处罚法》（简称《治安管理处罚法》）的相关规定，以殴打他人为由，裁决张某治安罚款100元，并赔偿谢某医药费45元。该治安科未制作、送达治安处罚裁决书，罚款亦由治安科出具了一个收据。张某对此不服，遂向某区人民法院提起行政诉讼，状告该治安科违法处罚。

问题：

该治安科是行政主体吗？它能否以自己的名义对张某进行行政处罚？

简要分析：

治安科系公安分局的一个内部组织机构，是具体执行公务、实现区公安分局职能的机构，不能以自己的名义对外行使行政职权，也不能独立承担由此所产生的法律责任，不具有独立身份，不具有行政主体资格。治安科对外作出的行政行为只能以区公安分局的名义作出，由此产生的法律后果也应由区公安分局来承担。因此，该治安科不能以自己的名义对张某进行行政处罚。

第三章 行政行为概述

学前思考练习

1. 想一想日常生活中的哪些行为在法律上会被称为行政行为？

2. 根据你的了解，行政主体行使公权力，履行法定的职责，提供普遍性公共服务，多数是有偿的服务还是无偿的服务？

3. 行政机关能随意撤销自己作出的行政行为吗？

具体学习目标

1. 掌握行政行为的含义、特征、内容和效力。
2. 理解行政行为的成立、合法及生效。
3. 了解行政行为的分类；了解行政行为的无效、撤销与废止。

具体考核要求

识记：(1) 行政行为；(2) 国家行为；(3) 内部行为；(4) 外部行为；(5) 个人

行为；（6）职务行为；（7）行政立法行为；（8）行政执法行为；（9）行政司法行为；（10）抽象行政行为；（11）具体行政行为；（12）单方行政行为；（13）双方（多方）行政行为；（14）羁束行政行为；（15）裁量行政行为；（16）要式行政行为；（17）不要式行政行为；（18）依职权行政行为；（19）依申请行政行为；（20）公定力；（21）确定力；（22）拘束力；（23）执行力；（24）行政行为的成立；（25）行政行为的无效；（26）行政行为的撤销；（27）行政行为的废止。

领会：（1）行政行为的特征；（2）行政行为的内容；（3）行政行为的分类；（4）行政行为的效力；（5）行政行为的生效；（6）行政行为的成立要件；（7）行政行为的合法；（8）行政行为无效的缘由和结果；（9）行政行为撤销的缘由和结果；（10）行政行为废止的缘由和结果。

应用：运用行政行为的原理分析案例。

本章名词术语

1. 行政行为是行政主体（主要是国家行政机关）为实现行政管理目标而行使行政权，对外部作出的具有法律意义、产生法律效果的行为。

2. 所谓国家行为，亦称统治行为，或称政治行为，是指国家行政机关作出的具有高度政治性的行为。

3. 内部行为是指行政机关对其所属机构及工作人员所实施的，不直接涉及相对人权益的有关组织、指挥、协调、监督等行为。

4. 抽象行政行为又称制定行政法律规范的行为，是特定的行政机关在行使行政权过程中，制定和发布普遍性行为规则的行为，包括制定法规、规章和发布决定、命令等行为。

5. 具体行政行为是行政机关在行使行政权过程中，针对特定人或特定事件作出影响相对方权益的具体决定和措施的行为。

6. 单方行政行为是指不需要相对人的同意，以行政主体的单方面意思表示即可产生法律效果的行政行为。

7. 双方（多方）行政行为是指行政主体为实现行政管理的目的，与相对人协商，在双方（多方）意思表示达成一致后，才产生法律效果的行政行为。

8. 羁束行政行为是指行政法律规范已经规定得非常具体，行政主体在处理行政事项作出裁断时，只能严格依法规定，而毫无裁量余地的行政行为。

9. 法规裁量行政行为是指行政法律规范只对某种行政行为的内容、方式和程序作了一定范围和幅度的规定，允许行政主体在处理具体行政事项时，在法定的范围和幅度内，凭借自身的判断进行裁量的行政行为。

10. 自由裁量行政行为是指行政法律规范只规定了原则，授权行政主体在符合立法目的和法律原则的前提下，自主采取相应的措施，作出裁断的行政行为。

11. 依职权行政行为是指行政主体依据法律赋予的职权，无须相对人请求而主动实施的行政行为，如征收税款、对违法行为的处罚等。

12. 依申请行政行为是指行政主体必须基于相对人的申请才能实施的行政行为，如颁发营业执照、排污许可证等。

13. 公定力是指行政行为在作出之后、有权机关予以撤销或变更之前，被推定为合法并具有效力。

14. 确定力是指行政行为成立后，具有不可变更力，非经法定程序不得随意变更或撤销。

15. 拘束力是指行政行为成立后即对有关的组织或个人产生法律上的约束效力，有关的组织或个人不能再作出与该行为相抵触或违反该行为的相关要求的行为。

16. 执行力是指行政行为成立后，相对人必须自觉履行行政行为所设定的义务，否则行政主体依法有权采取一定的手段，使行政行为的内容得以实现的效力。

重点难点内容

一、行政行为的含义及其构成要素

行政行为是行政主体（主要是国家行政机关）为实现行政管理目标而行使行政权，对外部作出的具有法律意义、产生法律效果的行为。行政行为包含如下几层含义：

（1）行政行为是行政主体的行为（主体要素）。

（2）行政行为是行使行政职权的行为（职权、职责要素）。

（3）行政行为是具有行政法律意义，对外产生行政法律效果的行为（法律要素）。

（4）行政行为的目的在于实现国家行政管理目标（目的要素）。

二、行政行为的特征

（1）法律性。
（2）裁量性。
（3）单方意志性。
（4）效力先定性。
（5）强制性。
（6）无偿性。

三、行政行为的分类

（1）行政立法行为、行政执法行为与行政司法行为。
（2）抽象行政行为与具体行政行为。
（3）单方行政行为与双方（多方）行政行为。
（4）羁束行政行为与裁量行政行为。
（5）要式行政行为与不要式行政行为。
（6）无附加条件行政行为与有附加条件行政行为。
（7）依职权行政行为与依申请行政行为。
（8）行政行为的其他分类。

四、行政行为的内容

行政行为的内容大致可归纳为以下几个方面：
（1）赋予权益和剥夺权益。
（2）设定义务和免除义务。
（3）确认法律事实和确认法律地位。

五、行政行为的成立

行政行为的成立要件一般包括以下四点：
（1）存在行政主体。
（2）存在相对人，即公民、法人或其他组织。

（3）存在有关具体事实的法律规制，即行政目的。

（4）存在基于法律的优越的意思表示或精神作用。

欠缺其中的任何一个要件，行政行为都不能成立。这种场合称为行政行为的不存在。

六、行政行为的合法

行政行为的合法要件一般包括以下四点：

（1）行政主体无瑕疵，即行政主体拥有作出行政行为的权限。

（2）相对人无瑕疵，即相对人必须具有接受该行政行为的法律效果的合适资格。

（3）目的和内容无瑕疵，即关于具体事实的法律规制必须是可能的、可以确定的、合法的及适当的。

（4）程序和形式无瑕疵，即关于意思表示或精神作用，必须做到意思形成过程无瑕疵、意思决定无瑕疵、意思表示形式无瑕疵。

七、行政行为的生效

（1）即时生效。

（2）告知生效。

（3）受领生效。

（4）附条件生效。

八、行政行为的效力

（1）公定力。

（2）确定力。

（3）拘束力。

（4）执行力。

九、行政行为的无效

行政行为无效的情形包括：

（1）行政行为具有特别重大的违法情形或具有明显的违法情形。

（2）行政主体不明确或明显超越相应行政主体职权的行政行为。

（3）行政主体受胁迫作出的行政行为。

（4）行政行为的实施将导致犯罪。

（5）没有实施可能的行政行为。

课后思考练习

1. 选择题

（1）行政行为相对于民事行为和其他国家机关行为，不具有的特征是（　　）。

A. 法律性　B. 裁量性　C. 等价有偿性　D. 单方意志性

答案：C

（2）行政行为成立后，具有不可变更力，非经法定程序不得随意变更或撤销，被称为行政行为的（　　）。

A. 拘束力　B. 公定力　C. 执行力　D. 确定力

答案：D

（3）（　　）被认为从来就不具有法律效力。

A. 被废止的行政行为　B. 无效的行政行为

C. 被撤销的行政行为　D. 被解除的行政行为

答案：B

（4）行政主体不明确或者明显超越相应职权的行政行为属于（　　）。

A. 有效的行政行为　B. 无效的行政行为

C. 可撤销的行政行为　D. 应当废止的行政行为

答案：B

（5）（　　）属于行政行为效力自终止之日起向后失去法律效力，但不溯及行政行为已发生的效力作用。

A. 行政行为的无效　B. 行政行为的撤销

C. 行政行为的废止　D. 行政行为的解除

答案：C

（6）行政行为已完成原定目标、任务，实现了国家的行政管理目的，应予以（　　）。

A. 宣布无效　　B. 撤销　　C. 废止　　D. 变更

答案：C

（7）依职权行政行为和依申请行政行为的分类依据是（　　）。

A. 实施行政行为时所形成的法律关系不同

B. 行政行为是否具备一定法定形式

C. 行政行为实施的对象及适用力的不同

D. 行政行为作出是否必须有行政相对方的申请

答案：D

（8）行政行为无效的缘由有（　　）。

A. 有明显的违法情形　　B. 明显超越职权

C. 不适当　　D. 没有实施的可能

答案：ABD

（9）行政行为的内容为（　　）。

A. 赋予权益和剥夺权益　　B. 国家强制力作保障

C. 设定义务和免除义务　　D. 确认法律事实和确认法律地位

答案：ABC

（10）行政行为的生效有（　　）。

A. 即时生效　　B. 告知生效

C. 受领生效　　D. 附条件生效

答案：ABCD

2. 名词解释

行政行为　　国家行为　　内部行为

抽象行政行为　　具体行政行为　　羁束行政行为

法规裁量行政行为　　自由裁量行政行为　　依职权行政行为

依申请行政行为　　拘束力　　公定力

执行力

3. 简答题

（1）简述行政行为的含义及其构成要素。

（2）简述行政行为的特征。

（3）简述行政行为的内容。

（4）简述行政行为的成立要件。

（5）简述行政行为的合法要件。

（6）简述行政行为的生效。

4. 论述题

（1）论述行政行为的分类。

（2）论述行政行为的效力。

5. 案例分析

案情简介：

20××年4月5日，某市政府发布关于本市该年大中专毕业生招教工作实施方案的通知，决定由市教育局首次在全市本年度毕业的师范类大中专毕业生和非师范类大专以上有关专业的毕业生中录用150人，实行公开考试，择优录用。这个招聘教师考试文件直接导致40名已经协议上岗的师范毕业生被迫“下课”，面临错过就业最佳时机和失去教师岗位的双重危机。其中25名下岗教师集体将市政府和市教育局告上了法庭，强烈要求撤销政府的招聘教师考试文件。

问题：

该市以通知形式发布这个文件是抽象行政行为，还是具体行政行为？

简要分析：

该市以通知形式发布这个文件是抽象行政行为。因为该文件针对不特定的毕业生，对所有当年大中专毕业生都会产生效力，效力上具有普遍性，只要是在当年毕业的大中专生，都要受该文件的拘束。该文件符合抽象行政行为的特征。

第四章 抽象行政行为

学前思考练习

1. 思考行政立法与权力机关立法有哪些区别?

2. 我们通常说的“红头文件”，在本章是如何表述的?

3. 浏览《中华人民共和国立法法》(简称《立法法》)、《行政法规制定程序条例》和《规章制定程序条例》。

法律速查

具体学习目标

1. 掌握行政立法行为的含义和种类；掌握制定其他规范性文件行为的含义和特征。

2. 理解行政立法的基本原则和程序。

3. 了解抽象行政行为的含义、特征和种类；了解对行政立法的监督。

具体考核要求

识记：(1) 抽象行政行为的含义；(2) 行政立法行为；(3) 其他抽象行政行

为；（4）行政法规；（5）规章；（6）职权立法；（7）授权立法；（8）中央行政立法；（9）地方行政立法。

领会：（1）抽象行政行为的特征；（2）行政立法的特征；（3）行政立法的主体；（4）行政立法的基本原则；（5）行政立法程序；（6）制定其他规范性文件行为的特征。

应用：结合案例判断行政立法行为与制定其他规范性文件行为。

本章名词术语

1. 从动态方面看，抽象行政行为是指行政机关针对不特定的人和事制定的具有普遍约束力的行为规则的行为。从静态方面看，抽象行政行为是指行政机关针对不特定的人和事制定的具有普遍约束力的行为规范，包括行政法规、规章和其他具有普遍约束力的决定、命令等。

2. 行政法规是指国务院为了实现对国家的政治、经济、教育、科技、文化、外事等各项事务的管理，依据宪法和法律制定的规范性文件的总称。行政法规一般以条例、规定和办法三种名称发布。

3. 规章指国务院各部委、直属机构、省级人民政府及设区的市的人民政府，根据法律、行政法规发布的规范性文件。

4. 行政立法是指特定的行政机关依照法定权限和程序，制定、修改和废止有关行政管理方面的行政法规和规章等规范性文件的活动。

5. 职权立法是指行政机关依照宪法和组织法规定的职权进行的立法活动。

6. 授权立法是指行政机关依照单行法律、法规授权或者依照国家权力机关或上级行政机关的专门授权决议而进行的立法活动。

7. 制定其他规范性文件行为，是指行政机关制定除行政法规、部门规章、地方政府规章以外的，具有普遍约束力的决定、命令，规定行政措施等其他规范性文件的行为。

重点难点内容

一、抽象行政行为的含义和特征

从动态方面看，抽象行政行为是指行政机关针对不特定的人和事制定的具有普遍约束力的行为规则的行为。从静态方面看，抽象行政行为是指行政机关针对不特定的人和事制定的具有普遍约束力的行为规范，包括行政法规、规章和其他具有普遍约束力的决定、命令等。抽象行政行为的特征可以归纳为以下几点：

（1）行为规范性。

（2）对象的普遍性（非特定性）。

（3）效力的普遍性和持续性。

（4）准立法性。

（5）不可诉性。

二、抽象行政行为的种类

以规范程度与效力等级为标准，抽象行政行为可以分为行政立法行为和其他抽象行政行为。行政立法行为包括行政机关制定行政法规和规章的行为。其他抽象行政行为指行政机关制定、发布具有普遍约束力的决定、命令的行为。

三、行政立法的含义和特征

行政立法是指特定的行政机关依照法定权限和程序，制定、修改和废止有关行政管理方面的行政法规和规章等规范性文件的活动。其特征如下：

（1）行政立法的主体是特定的行政机关。

（2）行政立法是从属性立法。

（3）行政立法具有很强的适应性和针对性。

（4）行政立法具有多样性和灵活性。

四、行政立法的种类

（1）职权立法和授权立法。

（2）执行性立法、补充性立法和自主性立法。

（3）中央行政立法和地方行政立法。

五、行政立法的主体

（1）国务院。

（2）国务院各部委、直属机构。

（3）特定的地方人民政府。

六、行政立法的基本原则

（1）依宪立法和依法立法的原则。

（2）民主立法的原则。为保障这一原则的贯彻、实施，需要确立一系列行之有效的制度，包括：①公开制度；②咨询制度；③征求意见和听证制度。

（3）效率原则。为保障这一原则的贯彻、实施，应建立以下保障制度：①时效制度；②成本、效益分析制度。

（4）加强管理与增进权益相协调的原则。

七、行政立法程序

行政立法程序是指享有行政立法权的行政机关依照宪法、法律或其他上位法的规定，制定、修改和废止行政法规、规章的方式和步骤。行政立法程序大体如下：

（1）立项：①报请立项；②汇总、审批。

（2）起草：①组织起草；②起草要求；③征求意见；④协商。

（3）审查。

（4）决定。

（5）公布。

（6）备案。备案是行政立法程序的一个后续阶段。

（7）解释。

（8）修改、废止。

八、制定其他规范性文件行为的含义和特征

制定其他规范性文件行为，是指行政机关制定除行政法规、部门规章、地方政府规章以外的，具有普遍约束力的决定、命令，规定行政措施等其他规范性文件的行为。其特征如下：

（1）主体的广泛性。

（2）效力的多层级性和从属性。

（3）规范性。

课后思考练习

1. 选择题

（1）行政立法行为属于（ ）。

A. 依申请的行为　　B. 具体行政行为

C. 内部行政行为　　D. 抽象行政行为

答案：D

（2）在我国，最高的行政立法主体是（ ）。

A. 最高人民法院　　B. 全国人大

C. 国务院　　D. 全国人大常委会

答案：C

（3）国务院各职能部门制定的规范性文件的总称为（ ）。

A. 行政法规　　B. 地方性法规

C. 部门规章　　D. 地方政府规章

答案：C

（4）国务院根据宪法和法律制定的关于行政管理的规范性文件的总称为（ ）。

A. 法律　　B. 行政法规　　C. 地方性法规　　D. 行政规章

答案：B

（5）下列各项，相比较而言，效力层级最高的是（ ）。

A. 行政法规　　B. 其他规范性文件

C. 部门规章　　D. 地方政府规章

答案：A

（6）国务院制定或者批准的法律规范文件属于（ ）。

A. 行政法规　　B. 法律

C. 部门规章　　D. 其他规范性文件

答案：A

（7）起草部门将一部重要的行政法规送审稿报送审查。该送审稿向社会公布，征求意见，应报经（ ）同意。

A. 起草部门　　B. 国务院办公厅

C. 国务院法制办　　D. 国务院

答案：D

（8）下列关于行政法规的决定与公布的说法，正确的是（　　）。

A. 行政法规均应由国务院常务会议审议通过

B. 行政法规草案在国务院常务会议审议时，可由起草部门作说明

C. 行政法规草案经国务院审议报国务院总理签署前，不得再作修改

D. 行政法规公布后由国务院法制部门报全国人大常委会备案

答案：B

（9）行政立法的立法性质主要表现在（　　）。

A. 行政立法是有权行政机关代表国家以国家名义创制法律规范的活动

B. 行政立法所制定的行为规则属于法的范畴，具有法的基本特征，即普遍性、规范性和强制性

C. 行政立法必须遵循相应的立法程序

D. 行政立法所调整的对象主要是行政管理事务及与行政管理密切关联的事务

答案：ABC

2. 名词解释

抽象行政行为　行政法规　规章　行政立法

职权立法　授权立法　制定其他规范性文件行为

3. 简答题

（1）简述抽象行政行为的含义和特征。

（2）简述行政立法的含义和特征。

（3）简述行政立法的种类。

（4）简述行政立法的主体。

（5）简述行政立法的基本原则。

（6）简述行政立法程序。

4. 论述题

（1）论述行政立法。

（2）论述制定其他规范性文件行为。

（3）论述对行政立法和制定其他规范性文件行为的监督。

第五章 行政许可

学前思考练习

法律速查

1. 生活中的哪些事是法律上讲的行政许可行为？
2. 浏览《中华人民共和国行政许可法》（简称《行政许可法》）。

具体学习目标

1. 掌握行政许可的概念、特征、设定、实施程序。
2. 理解行政许可的基本原则。
3. 了解行政许可的监督检查和行政许可中的法律责任。

具体考核要求

识记：（1）行政许可；（2）行政许可证件；（3）行为许可；（4）资格许可；（5）独立的许可；（6）附文件的许可；（7）权利性许可；（8）附义务的许可；（9）排

他性许可；（10）非排他性许可；（11）一般许可；（12）特殊许可；（13）合法性原则；（14）行政许可实施主体。

领会：（1）行政许可的特征；（2）行政许可的作用；（3）行政许可的种类；（4）行政许可的基本原则；（5）行政许可的设定原则；（6）行政许可设定权的分配；（7）行政许可实施主体的种类；（8）相对集中行政许可权；（9）行政许可实施程序；（10）行政许可监督检查的种类；（11）行政许可的撤销与注销；（12）行政许可机关及其工作人员的法律责任；（13）行政许可申请人及其被许可人的法律责任。

应用：结合案例判断行政行为是否为行政许可行为，是否合法有效。

本章名词术语

1. 行政许可是指行政主体根据相对人的申请，经依法审查，通过颁发许可证、执照等形式，赋予或确认相对人从事某种活动的法律资格或法律权利的一种行政行为。

2. 行为许可是指允许符合条件的申请人从事某项活动的许可，如生产、经营许可。

3. 资格许可是指行政主体应申请人的申请，经过一定的考核程序核发一定的证明文书，如法律职业资格证、驾驶证等，允许其享有某种资格或具备某种能力的许可。一般来说，资格许可同时也包含对被许可人的行为许可。

4. 权利性许可也称无条件放弃的许可，是指申请人取得行政许可后，并不承担作为义务，可自由放弃被许可的权利，并且并不因此承担任何法律责任的许可。

5. 附义务的许可也称有条件放弃的许可，是指被许可人获得许可的同时，亦承担一定期限内从事该活动的义务，否则要承担一定法律责任的许可。

6. 排他性许可又称独占许可，是指某个人或组织获得该项许可后，其他任何人或组织均不能再获得该项许可。最具代表性的是商标许可。

7. 非排他性许可又称共存许可，是指可以为具备法定条件的任何个人或组织所申请并获得的许可。大部分行政许可是非排他性许可。

8. 一般许可是指行政主体对符合法定条件的许可申请人直接发放的无特殊限制的许可，如申请驾驶执照的许可。

9. 特殊许可是指除符合一般许可的条件外，对申请人还规定有特别限制的许可，又称特许。

10. 信赖保护原则：公民、法人或者其他组织依法取得的行政许可，是正当的合理信赖，应当受到法律保护，除法律、法规有明确规定的外，行政机关不得撤销或者变更已生效的行政许可。

11. 行政许可实施主体是指行使行政许可权并承担相应责任的行政机关和法律、法规授权的具有管理公共事务职能的组织。

重点难点内容

一、行政许可的概念和特征

行政许可是指行政主体根据相对人的申请，经依法审查，通过颁发许可证、执照等形式，赋予或确认相对人从事某种活动的法律资格或法律权利的一种行政行为。行政许可具有以下特征：

（1）行政许可是依申请的行政行为。

（2）行政许可的内容是国家一般禁止的活动。

（3）行政许可是行政主体赋予相对人某种法律资格或法律权利的行政行为。

（4）行政许可是一种外部行政行为。

（5）行政许可是一种要式行政行为。

二、行政许可的作用

行政许可的作用可以概括为以下五个方面：

（1）行政许可是国家对社会经济、政治、文化活动进行宏观调控的有力手段，有助于从直接命令式的行政手段过渡到间接许可的法律手段。

（2）行政许可有利于维护社会经济秩序，保障广大民众的权益。

（3）行政许可有利于保障社会公共利益，维护公共安全和社会秩序。

（4）行政许可有利于控制进出口贸易，保护和发展民族经济。

（5）行政许可有利于资源的合理配置和环境保护，促进人与环境的和谐、健康、协调发展。

三、行政许可的基本原则

（1）合法性原则。

（2）公开、公平、公正原则。

（3）便民原则。

（4）救济原则。

（5）信赖保护原则。

（6）行政许可一般不得转让原则。

（7）监督原则。

四、行政许可的设定事项

根据《行政许可法》第12条的规定，下列事项可以设定行政许可：

（1）直接涉及国家安全、公共安全、经济宏观调控、生态环境保护以及直接关系人身健康、生命财产安全等特定活动，需要按照法定条件予以批准的事项。

（2）有限自然资源开发利用、公共资源配置以及直接关系公共利益的特定行业的市场准入等，需要赋予特定权利的事项。

（3）提供公众服务并且直接关系公共利益的职业、行业，需要确定具备特殊信誉、特殊条件或者特殊技能等资格、资质的事项。

（4）直接关系公共安全、人身健康、生命财产安全的重要设备、设施、产品、物品，需要按照技术标准、技术规范，通过检验、检测、检疫等方式进行审定的事项。

（5）企业或者其他组织的设立等，需要确定主体资格的事项。

（6）法律、行政法规规定可以设定行政许可的其他事项。

同时，《行政许可法》第13条还规定，以上事项通过下列方式能够予以规范的，可以不设行政许可：公民、法人或者其他组织能够自主决定的；市场竞争机制能够有效调节的；行业组织或者中介机构能够自律管理的；行政机关采用事后监督等其他行政管理方式能够解决的。

五、行政许可实施主体的种类

行政许可实施主体的种类是指行政许可实施主体的具体表现形式，主要有三种：

法定的行政机关、被授权的具有管理公共事务职能的组织和被委托的行政机关。

六、行政许可实施程序

（1）申请与受理。

（2）审查与决定。

（3）期限。

（4）听证。

（5）变更与延续。

（6）特别规定。

课后思考练习

1. 选择题

（1）工商行政管理机关向符合条件的某公司颁发企业营业执照的行为属于（　　）。

A. 行政许可　　B. 行政确认　　C. 行政裁决　　D. 行政指导

答案：A

（2）下列属于特别许可的是（　　）。

A. 驾驶许可　　B. 营业许可

C. 颁发毕业证书　　D. 持枪许可

答案：D

（3）公民、法人或者其他组织依法取得的行政许可受法律保护，行政机关不得擅自改变已经生效的行政许可。这体现了（　　）。

A. 公平原则　　B. 公开原则

C. 信赖保护原则　　D. 便民原则

答案：C

（4）除可以当场作出行政许可决定的外，行政机关应当自受理行政许可申请之日起（　　）日内作出行政许可决定。

A. 15　　B. 20　　C. 30　　D. 60

答案：B

（5）行政许可公开原则不包括（　　）。

A. 公开实施主体　　B. 公开实施程序

C. 公开实施期限　　D. 公开国家秘密

答案：D

（6）被许可人以欺骗、贿赂等不正当手段取得行政许可的，一般情况下（　　）。

A. 应当撤销　　B. 可以撤销　　C. 不予撤销　　D. 可以注销

答案：A

（7）《行政许可法》规定，可以设定行政许可的事项包括（　　）。

A. 直接涉及经济宏观调控活动的事项

B. 涉及公共资源配置的事项

C. 企业设立需要确定主体资格的事项

D. 市场竞争机制可以有效调节的事项

答案：ABC

（8）依照法律规定，下列事项中，可以不设定行政许可的有（　　）。

A. 确定企业主体资格的事项　　B. 市场竞争机制可以调节的事项

C. 行业组织能够自律管理的事项　　D. 事后行政监督可以解决的事项

答案：BCD

（9）行政许可实施主体的具体表现形式，主要有（　　）。

A. 法定的行政机关

B. 被授权的具有管理公共事务职能的组织

C. 社会团体

D. 被委托的行政机关

答案：ABD

（10）根据《行政许可法》的规定，下列事项中，可以设定行政许可的有（　　）。

A. 直接涉及国家安全、公共安全、经济宏观调控、生态环境保护以及直接关系人身健康、生命财产安全等特定活动，需要按照法定条件予以批准的事项

B. 有限自然资源开发利用、公共资源配置以及直接关系公共利益的特定行业的市场准入等，需要赋予特定权利的事项

C. 提供公众服务并且直接关系公共利益的职业、行业，需要确定具备特殊信誉、特殊条件或者特殊技能等资格、资质的事项

D. 企业或者其他组织的设立等，需要确定主体资格的事项

答案：ABCD

2. 名词解释

行政许可	行为许可	资格许可	信赖保护原则
权利性许可	附义务的许可	排他性许可	非排他性许可
一般许可	特殊许可		

3. 简答题

（1）简述行政许可的概念和特征。

（2）简述行政许可的作用。

（3）简述行政许可的基本原则。

4. 论述题

（1）论述行政许可的设定事项。

（2）论述行政许可实施程序。

（3）论述行政许可的撤销与注销。

第六章 行政强制

学前思考练习

法律速查

1. 思考疫情防控隔离措施的法律性质。
2. 浏览《中华人民共和国行政强制法》（简称《行政强制法》）。

具体学习目标

1. 掌握行政强制的概念与特征，行政强制措施的种类与设定；掌握行政强制执行的设定和方式。
2. 理解行政强制的基本原则，行政强制措施与行政强制执行的区别。
3. 了解行政强制执行和行政强制措施的实施程序。

具体考核要求

识记：（1）行政强制；（2）行政强制措施；（3）行政强制执行；（4）滞纳金；

（5）代履行。

领会：（1）行政强制的特征；（2）行政强制措施与行政强制执行的区别；（3）行政强制的基本原则；（4）行政强制措施的种类；（5）行政强制措施的设定；（6）行政强制措施的实施程序；（7）行政强制执行的设定；（8）行政强制执行的方式；（9）行政强制执行程序；（10）申请人民法院强制执行；（11）行政强制执行的法律责任。

应用：结合案例判断行政行为是否为行政强制，是否合法有效。

本章名词术语

1. 行政强制是指为了实现一定的行政目的，保障行政管理的顺利进行，行政主体或者行政主体向人民法院申请，通过依法采取强制手段迫使拒不履行行政法义务的相对人履行义务或者达到与履行义务相同的状态；或者出于维护社会秩序或保护公民人身健康、安全的需要，对行政相对人的人身及财产等采取的强制性的行政行为的总称。行政强制包括行政强制措施和行政强制执行。

2. 行政强制措施是指行政机关在行政管理过程中，为制止违法行为、防止证据损毁、避免危害发生、控制危险扩大等，依法对公民的人身自由实施暂时性限制，或者对公民、法人或其他组织的财物实施暂时性控制的行为。

3. 行政强制执行是指行政机关或者行政机关向人民法院申请，对不履行行政决定的公民、法人或者其他组织，依法强制履行义务的行为。

4. 代履行又称代执行，是指有强制执行权的机关或者受其委托的第三人代替负有义务的相对人履行法律规定的或者行政行为设定的行政法义务的一种强制执行方式。

5. 行政强制措施的紧急程序，是指如果情况紧急，需要当场实施行政强制措施的，行政执法人员应当在 24 小时内向行政机关负责人报告，并补办批准手续。

6. 加处罚款是指行政机关对于逾期拒不履行行政处罚决定的相对人采取新增罚款数额的措施，以迫使其履行行政处罚决定的强制措施。

7. 滞纳金是指行政机关对于到期不缴纳有关税、费的相对人采取加收金钱，以迫使其履行税、费缴纳义务的强制措施。

8. 划拨存款、汇款是指由法律规定的行政机关对不履行金钱给付义务的相对人作出划拨存款、汇款的决定，并书面通知相关金融机构，将相应的款额划归行政机关指定的账户，以实现相对人金钱给付义务的执行方式。

重点难点内容

一、行政强制的概念与特征

行政强制是指为了实现一定的行政目的，保障行政管理的顺利进行，行政主体或者行政主体向人民法院申请，通过依法采取强制手段迫使拒不履行行政法义务的相对人履行义务或者达到与履行义务相同的状态；或者出于维护社会秩序或保护公民人身健康、安全的需要，对行政相对人的人身及财产等采取的强制性的行政行为的总称。行政强制包括行政强制措施和行政强制执行。行政强制具有如下特征：

（1）行政强制的主体是行政机关或者人民法院。

（2）行政强制的前提是相对人拒绝履行义务或者为了维护社会秩序和保护公民人身健康、安全的需要。

（3）行政强制的对象是相对人的财产和人身自由。

（4）行政强制的目的是实现一定行政目的，保障行政管理的顺利进行。

二、 行政强制措施与行政强制执行的区别

1. 前提不同

行政强制措施不以相对人存在法定义务为前提；行政强制执行的前提是相对人不履行行政行为所确定的义务，构成义务的不履行。

2. 目的不同

行政强制措施的目的在于预防、制止危害行为或者危险事态的发生、发展，防止证据损毁；行政强制执行的目的是通过改进强制力强迫义务人履行其应当履行的义务，或者达到与履行义务相同的状态。

3. 实施的主体不同

行政强制措施的主体仅为行政主体；行政强制执行包括行政主体自行强制执行及由行政主体申请人民法院强制执行两种情形，其主体分别为行政主体和接受行政

主体申请的人民法院。

4. 实施的程序不同

行政强制措施在紧急情况下可以即时进行，一般情况下也遵循不同于行政强制执行的程序进行；行政强制执行通常需要经过催告、当事人陈述、行政机关复核、作出行政强制决定、送达行政强制执行决定以及实施行政强制等程序。

三、行政强制的基本原则

（1）行政强制法定原则。

（2）行政强制适当原则。

（3）教育与强制相结合原则。

（4）不得滥用行政强制原则。

（5）行政强制的权利救济原则。

四、行政强制措施的种类

（1）限制人身自由。主要有：①行政传唤；②约束身体；③强制隔离治疗；④扣留。

（2）查封场所、设施或者财物。

（3）扣押财物。

（4）冻结存款、汇款。

（5）其他行政强制措施。例如，强行进入场所、交通管制、通信管制等。

五、行政强制措施的设定

（1）行政强制措施由法律设定。

（2）行政法规的设定权是要受到限制的：①尚未制定法律；②属于国务院的行政管理职权事项范围；③限制人身自由除外；④冻结存款、汇款除外；⑤其他应当由法律设定；⑥法律对行政强制措施的对象、条件、种类已经作出规定的，行政法规不得扩大规定；⑦法律中未设定行政强制措施的，行政法规原则上不得设定，只有在法律规定特定事项由行政法规规定具体管理措施的，行政法规才可以设定。

（3）地方性法规的设定权是有限制性的：①尚未制定法律、行政法规；②法律中未设定行政强制措施的，地方性法规不得设定；③法律对行政强制措施的对象、条件、种类已经作出规定的，地方性法规不得扩大规定；④在必要时只可设定查封场所、设施或者财物和扣押财物的行政强制措施。

除法律、行政法规、地方性法规以外的其他规范性文件不得设定行政强制措施。

六、行政强制执行的设定和方式

行政强制执行由法律设定。行政强制执行的方式有以下几种：

（1）加处罚款或者滞纳金。

（2）划拨存款、汇款。

（3）拍卖或者依法处理查封、扣押的场所、设施或者财物。

（4）排除妨碍、恢复原状。

（5）代履行。

（6）其他行政强制执行方式。根据我国现行法律的规定，其他行政强制执行方式主要有：①强制履行兵役；②强制搬迁；③保证金抵缴；④强制传唤；⑤强制带离；⑥强制戒毒；等等。

课后思考练习

1. 选择题

（1）行政强制的种类包括（　　）。

A. 行政强制措施　　B. 行政强制执行

C. 行政处罚　　D. 行政处分

答案：AB

（2）下列事项中，属于对财产的行政强制措施的有（　　）。

A. 变价出售　　B. 强制退还

C. 强行拆除建筑物　　D. 扣押

答案：ABCD

（3）下列属于行政强制执行方式的有（　　）。

A. 加处罚款或者滞纳金

B. 划拨存款、汇款

C. 拍卖或者依法处理查封、扣押的场所、设施或者财物

D. 代履行

答案：ABCD

(4)《行政强制法》规定，行政强制措施由（　　）设定。

A. 法律　　　　B. 规章

C. 其他规范性文件　　　　D. 条例

答案：A

(5) 行政机关委托某建筑队拆除违章建筑并向违章者征收拆除费用的行为是（　　）。

A. 直接强制　　B. 即时强制　　C. 代履行　　D. 执行罚

答案：C

(6)《行政强制法》规定，情况紧急，需要当场实施行政强制措施的，行政执法人员应当在（　　）内向行政机关负责人报告，并补办批准手续。行政机关负责人认为不应当采取行政强制措施的，应当立即解除。

A. 12 小时　　B. 24 小时　　C. 48 小时　　D. 72 小时

答案：B

(7) 行政机关依法作出要求当事人履行排除妨碍、恢复原状等义务的行政决定，当事人逾期不履行，经催告仍不履行，其后果已经或者将危害交通安全、造成环境污染或者破坏自然资源的，行政机关可以自行或者委托没有利害关系的第三人履行。这是《行政强制法》所规定的（　　）制度。

A. 代履行　　B. 执行罚　　C. 代处罚　　D. 强制措施

答案：A

(8)《行政强制法》规定，查封、扣押的期限一般不得超过（　　）日。

A. 10　　B. 30　　C. 60　　D. 90

答案：B

(9) 下列选项中，属于对财产的行政强制执行措施的有（　　）。

A. 强制扣缴　　B. 强行退还　　C. 强制划拨　　D. 强制许可

答案：ABCD

(10) 关于冻结期限，自冻结存款、汇款之日起（　　）日内，行政机关应当作出处理决定或者作出解除冻结决定。

A. 30　　B. 45　　C. 60　　D. 90

答案：A

(11) 我国目前采用的行政强制执行模式是（　　）。

A. 行政机关执行模式

B. 司法机关执行模式

C. 混合执行模式，即行政机关和人民法院都有对行政决定的强制执行权

D. 以上答案都不正确

答案：C

2. 名词解释

行政强制　　行政强制措施　　行政强制执行　　代履行

3. 简答题

（1）简述行政强制的特征。

（2）简述行政强制措施与行政强制执行的区别。

（3）简述行政强制的基本原则。

（4）简述代履行的执行程序。

（5）简述申请人民法院强制执行的条件。

4. 论述题

（1）论述行政强制措施的种类与设定。

（2）论述行政强制执行的设定和方式。

5. 案例分析

案情简介：

20××年5月1日，被告某市公安局车站分局接到举报称曾于4月份见到原告薛某吸食过毒品“黄皮”，被告遂将原告薛某传唤至车站派出所进行讯问，并将原告送至市强制隔离戒毒所进行尿样检测。市强制隔离戒毒所对薛某尿样检验结果为：MOP（吗啡）阳性。被告据此于同日作出强制戒毒决定并出具决定书，以薛某吸食毒品成瘾为由决定对其强制戒毒3个月，并于当日将薛某送往市强制隔离戒毒所执行强制戒毒。薛某不服此决定，向市公安局申请行政复议。7月6日，市公安局作出维持被告作出的强制戒毒决定。薛某仍然不服复议决定，提起诉讼。

该市西工区人民法院经审理认为，原告薛某在被人举报有吸食毒品的情况后，经市强制隔离戒毒所检测，其尿样检测为MOP阳性，并且拒绝进行尿样复检。从市强制隔离戒毒所出具的原告在接受强制戒毒时的材料也可以看出，原告薛某确有吸食毒品的症状。故对原告要求撤销被告某市公安局车站分局对其强制戒毒决定的诉讼请求不予支持，作出驳回原告薛某的诉讼请求的判决。原告不服，提出上诉。该市中级人民法院经审理判决驳回上诉，维持原判。

问题：

（1）什么是行政强制措施？

（2）你对本案中某市公安局车站分局作出的强制戒毒行为如何评价？

简要分析：

（1）行政强制措施是指行政机关在行政管理过程中，为制止违法行为、防止证据损毁、避免危害发生、控制危险扩大等，依法对公民的人身自由实施暂时性限制，或者对公民、法人或其他组织的财物实施暂时性控制的行为。本案中的强制戒毒就属于行政强制措施的一种。

（2）针对本案中某市公安局车站分局作出的强制戒毒行为及人民法院判决，评价如下：

对吸毒人员进行强制戒毒是共识，举报也查证属实。本案中薛某是否应当被强制戒毒，主要是判定他是否属于吸毒成瘾人员。如果是，毫无疑问某市公安局车站分局的处罚是正确的。

但是依据简要案情可以看出，在本案中某市公安局车站分局并没有当场抓获薛某吸毒，仅仅是根据举报人的举报及尿样检测是MOP阳性就作出强制戒毒的决定，明显证据不足，无法证明薛某是吸毒成瘾人员，也无法证明薛某有无社区戒毒经历和社区戒毒的情况。《戒毒条例》规定了强制隔离戒毒。《中华人民共和国禁毒法》（简称《禁毒法》）第38条规定："吸毒成瘾人员有下列情形之一的，由县级以上人民政府公安机关作出强制隔离戒毒的决定：（一）拒绝接受社区戒毒的；（二）在社区戒毒期间吸食、注射毒品的；（三）严重违反社区戒毒协议的；（四）经社区戒毒、强制隔离戒毒后再次吸食、注射毒品的。对于吸毒成瘾严重，通过社区戒毒难以戒除毒瘾的人员，公安机关可以直接作出强制隔离戒毒的决定。吸毒成瘾人员自愿接受强制隔离戒毒的，经公安机关同意，可以进入强制隔离戒毒场所戒毒。"据此评判，由于被告某市公安局车站分局作出的强制戒毒决定的行政行为所依据的证据不充分，市两级人民法院的判决理由显然是不成立的。当然，人民法院的判决考虑到原告确是一个吸食毒品的人，此时支持原告的诉讼请求判决撤销被告的强制戒毒决定书并不合适，所以判决驳回原告诉讼请求。但严格来说，人民法院的判决是有很大问题的。

行政强制措施是行政强制制度的重要组成部分，是国家行政机关实施行政管理，维护行政法保护的社会关系和社会秩序所不可或缺的手段，具有强制性、具体性、可诉性、限权性、从属性和非制裁性的法律特征。但同时又极易侵犯公民的人身和财产权利，因此实施该行为必须要严格遵守《行政强制法》及其他与行政行为有关法律的规定。

第七章 行政处罚

学前思考练习

法律速查

1. 请你用通俗的语言解释一下什么是行政处罚。现实中有哪些常见的违反行政管理秩序，有可能受到行政处罚的行为？

2. 浏览《中华人民共和国行政处罚法》（简称《行政处罚法》）。

具体学习目标

1. 掌握行政处罚的含义、种类、管辖、程序。
2. 理解行政处罚的基本原则；理解行政处罚的设定；理解行政处罚的实施机关。
3. 了解行政处罚与相关概念的区分。

具体考核要求

识记：（1）行政处罚；（2）行政处分；（3）行政处罚的设定；（4）行政处罚

的实施机关；（5）行政处罚的管辖；（6）行政处罚的适用；（7）一事不再罚原则；（8）简易程序；（9）听证程序。

领会：（1）行政处罚与行政处分的区别；（2）行政处罚与刑罚的区别；（3）行政处罚的基本原则；（4）行政处罚的种类；（5）行政处罚设定的规定；（6）行政处罚的实施机关；（7）行政处罚适用的原则；（8）行政处罚适用的条件；（9）行政处罚决定程序；（10）行政处罚执行程序。

应用：结合案例判断行政行为是否为行政处罚，是否合法有效。

本章名词术语

1. 行政处罚是指具有行政处罚权的行政主体为维护公共利益和社会秩序，保护公民、法人或其他组织的合法权益，依法对相对人违反行政法律规范而尚未构成犯罪的行为所实施的法律制裁。

2. 行政处分是指国家行政机关对其内部有违法失职行为的公务员实施的一种惩戒措施。

3. 行政拘留又称治安拘留，是公安机关对违反治安管理的人在短期内剥夺其人身自由的一种强制性惩罚措施。

4. 一事不再罚原则是行政处罚适用方面极为重要的原则，它主要是指对相对人同一个违反行政法律规范的行为，不得以相同的事实和相同的依据，给予两次以上的行政处罚。

5. 简易程序，又称当场处罚程序，是指行政机关对于符合法定条件的行政处罚事项当场作出行政处罚决定的处罚程序。

6. 听证程序是指在行政机关作出行政处罚决定前，在非本案调查人员主持下，举行有本案的调查人员和相对人参加的、供相对人陈述并与调查人员进行辩论的程序。

7. 罚缴分离是指作出罚款决定的行政机关应当与收缴罚款的机构分离。

重点难点内容

一、行政处罚与行政处分的区别

行政处罚与行政处分的区别主要有以下几个方面。

1. 作出的主体不同

行政处罚是由享有行政处罚权的主体作出的；行政处分是由受处分公务员所在的行政机关，或上级行政机关、监察机关作出的。

2. 制裁的对象不同

行政处罚制裁的对象是违反行政法律规范的公民、法人或其他组织；行政处分制裁的对象仅限于行政机关内部的公务员。

3. 采取的形式不同

行政处罚的形式、种类很多，如警告、罚款、没收财物、吊销许可证照、责令停产停业、行政拘留等；行政处分的形式有警告、记过、记大过、降级、撤职和开除六种形式。

4. 行为的性质不同

行政处罚属于外部行政行为，以行政管辖关系为基础；行政处分属于内部行政行为，以行政隶属关系为基础。

5. 依据的法律、法规不同

行政处罚所依据的是有关行政管理的法律、法规；行政处分只能依据有关行政机关工作人员或国家公务员的法律、法规的规定。

6. 救济途径不同

行政处罚的救济途径是行政复议、行政诉讼及行政赔偿；行政处分的救济途径是向上一级行政机关或监察机关申诉。

二、 行政处罚与刑罚的区别

行政处罚与刑罚都是具有国家强制力的制裁方式，但二者有显著区别。

1. 权力性质不同

行政处罚与刑罚虽然都是追究违法者对国家的责任，但行政处罚是国家行政权力的运用，刑罚是国家司法权力的运用。

2. 实施处罚的主体不同

行政处罚是由有外部管理权限的行政机关或法律、法规授权的组织实施的；刑罚的实施主体是国家司法机关——人民法院。

3. 适用的条件不同

行政处罚一般情况下适用于“尚未构成犯罪”的违法行为；刑罚适用于构成犯

罪的违法行为。

4. 作出处罚决定的程序不同

行政处罚是按照《行政处罚法》规定的行政程序作出的；刑罚必须根据《刑事诉讼法》规定的程序作出。

5. 处罚的种类不同

行政处罚的种类很多，既有《行政处罚法》的统一规定，又有各单行法律、法规的分散规定。刑罚的种类由《刑法》统一规定。

三、 行政处罚的基本原则

（1）行政处罚法定原则。

（2）公正、公开原则。

（3）行政处罚与教育相结合原则。

（4）保护相对人程序性权利原则。

四、 行政处罚的种类

目前我国行政处罚分为以下六种：

（1）警告、通报批评。

（2）罚款、没收违法所得、没收非法财物。

（3）暂扣许可证件、降低资质等级、吊销许可证件。

（4）责令停产停业、限制开展生产经营活动、责令关闭、限制从业。

（5）行政拘留。

（6）法律、行政法规规定的其他行政处罚。

除上述六种行政处罚外，由法律和行政法规新创设的行政处罚种类主要有强制履行兵役、责令恢复植被、责令退还、限期拆除、限期治理、责令退回土地、驱逐出境、撤销注册商标、注销城市户口等。

五、 行政处罚的设定

行政处罚设定权属于立法权范畴，是指通过立法规定出现何种情况、在何种条件下应予何种处罚的权力。

（1）法律可以设定各种行政处罚。

（2）行政法规可以设定除限制人身自由以外的行政处罚。行政法规有权创设新种类的行政处罚。

（3）地方性法规的设定权。法律、行政法规对违法行为已经作出行政处罚规定，地方性法规需要作出具体规定的，必须在法律、行政法规规定的给予行政处罚的行为、种类和幅度的范围内规定。

（4）国务院部门规章的设定权。国务院部门规章，可以在法律、行政法规规定的给予行政处罚的行为、种类和幅度的范围内作出具体规定。对于法律、行政法规尚未就某些违反行政管理秩序的行为作出规定的，国务院部门规章可以设定警告、通报批评或者一定数额罚款的行政处罚。罚款的限额由国务院规定。此外，国务院可以授权直属机构同国务院各部委一样享有行政处罚的设定权。

（5）地方政府规章的设定权。省、自治区、直辖市和设区的市人民政府、自治州人民政府制定的规章，可以在法律、法规规定的给予行政处罚的行为、种类和幅度的范围内作出具体规定。尚未制定法律、行政法规或地方性法规的，对违反行政管理秩序的行为，上述政府规章可以设定警告、通报批评或者一定数额罚款的行政处罚。罚款的限额由省、自治区、直辖市人民代表大会常务委员会规定。

《行政处罚法》还对行政处罚设定权作了限制性规定，除法律、法规和规章可以设定行政处罚外，其他规范性文件一律不得设定行政处罚。

六、行政处罚的实施机关

行政处罚的实施机关是指依法有权或受托实施行政处罚的主体。根据《行政处罚法》的规定，行政处罚实施机关的种类具体如下：

（1）一般行政机关。

（2）综合执法机关。

（3）法律、法规授权的组织。《行政处罚法》对法律、法规授权的组织行使行政处罚权作了比以前更加严格的规定：①只有法律、法规才有权授予其他组织实施行政处罚，其他规范性文件不得授权。②被授权组织必须是具有管理公共事务职能的组织，主要包括具有管理公共事务职能的企业事业组织、社会组织及社会团体、基层群众性自治组织、群众性治安保卫组织等。③被授权组织必须具备法律规定的条件。④获得授权实施行政处罚的组织只能在法定授权范围内实施行政处罚。

（4）受行政机关委托的组织。行政机关委托非行政机关的组织实施行政处罚，必须同时具备四个条件：①依照法律、法规和规章的规定。②行政机关必须是在其法定权限内进行委托。③行政机关应当出具委托书。④被委托或者受委托的组织必须符合《行政处罚法》第21条规定的条件：第一，依法成立并具有管理公共事务职能的事业组织；第二，具有熟悉有关法律、法规、规章和业务并取得行政执法资格的工作人员；第三，对违法行为需要进行技术检查或者技术鉴定的，应当有条件组织进行相应的技术检查或者技术鉴定。

七、 行政处罚适用的原则

（1）一事不再罚原则。

（2）行政处罚折抵刑罚原则。违法行为构成犯罪，人民法院判处拘役或者有期徒刑时，行政机关已经给予当事人行政拘留的，应当依法折抵相应刑期。违法行为构成犯罪，人民法院判处罚金时，行政机关已经给予当事人罚款的，应当折抵相应罚金。

（3）行政处罚追诉时效原则。违法行为在2年内未被发现的，不再给予行政处罚；涉及公民生命健康安全、金融安全且有危害后果的，上述期限延长至5年。法律另有规定的除外。

八、 简易程序的适用条件和处罚步骤

违法事实确凿并有法定依据，对公民处以200元以下、对法人或者其他组织处以3 000元以下罚款或者警告的行政处罚的，可以当场作出行政处罚决定。法律另有规定的，从其规定。

简易程序的处罚步骤如下：

（1）表明身份。

（2）确认违法事实，说明处罚理由和处罚依据。

（3）制作并向相对人发出行政处罚决定书。

（4）备案。

九、 行政处罚的一般程序

行政处罚的一般程序又称普通程序，是指除了法律特别规定应当适用简易程序和听证程序的情况外，行政处罚通常所适用的程序。一般程序规定的处罚步骤

如下：

（1）立案。

（2）调查。

（3）决定。

（4）制作处罚决定书。

（5）说明理由并告知权利。

（6）相对人陈述和申辩。

（7）裁决和送达处罚决定书。

十、 听证程序的适用条件和具体环节

并非所有的行政处罚决定都要适用听证的程序。《行政处罚法》第 63 条规定，行政机关拟作出下列行政处罚决定，应当告知当事人有要求听证的权利，当事人要求听证的，行政机关应当组织听证：①较大数额罚款；②没收较大数额违法所得、没收较大价值非法财物；③降低资质等级、吊销许可证件；④责令停产停业、责令关闭、限制从业；⑤其他较重的行政处罚；⑥法律、法规、规章规定的其他情形。相对人不承担行政机关组织听证的费用。这一规定确定了适用听证程序的实质条件与形式条件。

听证程序的具体环节有：①相对人申请。相对人要求举行听证的，应当在行政机关告知后 5 日内提出。②行政机关通知。行政机关应当在听证的 7 日前通知当事人举行听证的时间、地点。③确定听证的形式。除涉及国家秘密、商业秘密或者个人隐私依法予以保密外，听证公开举行。④确定听证的主持人与参与人。听证由行政机关指定的非本案调查人员主持，相对人认为主持人与本案有直接利害关系的，有权申请回避，相对人可以亲自参加听证，也可以委托一至两名代理人参加。⑤听证权利的放弃。当事人及其代理人无正当理由拒不出席听证或者未经许可中途退出听证的，视为放弃听证权利，行政机关终止听证。⑥实行听证辩论程序。举行听证时，调查人员提出当事人违法的事实、证据和行政处罚建议，当事人进行申辩和质证。⑦制作听证笔录。听证应当制作笔录，笔录应当交当事人或者其代理人核对无误后签字或者盖章。当事人或者其代理人拒绝签字或者盖章的，由听证主持人在笔录中注明。

听证结束后，行政机关依照《行政处罚法》第 57 条关于一般程序的规定，作出决定。

十一、 行政处罚执行程序的原则及具体内容

行政处罚执行程序的原则有两条：

（1）行政处罚不因复议或者诉讼停止原则。

（2）罚缴分离原则。作出行政处罚决定的行政机关及其执法人员不得自行收缴罚款。当事人应当自收到行政处罚决定书之日起15日内，到指定的银行或者通过电子支付系统缴纳罚款。银行应当收受罚款，并将罚款直接上缴国库。

具体包括：①专门机关收缴罚款；②当场收缴罚款；③强制执行。《行政处罚法》规定了三种强制执行程序：一是执行罚。相对人到期不缴纳罚款的，每日按罚款数额的3%加处罚款，加处罚款的数额不得超出罚款的数额。二是行政机关可以根据法律的规定，将查封、扣押的财物拍卖、依法处理或者将冻结的存款、汇款划拨抵缴罚款。三是申请人民法院强制执行。强制执行针对的对象是那些有能力履行处罚决定而故意拖延不履行的相对人，对于当事人确有经济困难，需要延期或者分期缴纳罚款的，可不适用强制执行程序，而是经当事人申请和行政机关批准，暂缓或者分期缴纳。

课后思考练习

1. 选择题

（1）行政处罚的主要功能在于（　　）。

A. 预防　　B. 惩罚与教育　　C. 杜绝　　D. 警示

答案：B

（2）限制人身自由的行政处罚权由（　　）行使。

A. 人民法院　　B. 公安机关　　C. 国务院　　D. 人大常委会

答案：B

（3）下列各项措施中属于行政处罚的是（　　）。

A. 撤职　　B. 罚金　　C. 责令停产停业　　D. 开除

答案：C

（4）《行政处罚法》规定，对公民当场处以罚款的数额为（　　）以下。

A. 50元　　B. 100元　　C. 200元　　D. 500元

答案：C

(5) 某市交警大队以赵某违章停车为由，依有关规定，决定暂扣赵某1个月的驾驶执照。这一行为属于下列哪一选项？（　　）

A. 行政强制执行　　B. 行政监督检查

C. 行政处罚　　D. 行政强制措施

答案：C

(6)《行政处罚法》对行政处罚的时效作出了明确规定，违法行为在（　　）年内未被发现的，不再给予行政处罚，法律另有规定的除外。

A. 1　　B. 2　　C. 3　　D. 4

答案：B

(7) 行政机关应当在宣告行政处罚决定书后将其当场交付当事人；当事人不在场的，行政机关应当在（　　）日内依照《中华人民共和国民事诉讼法》的有关规定，将行政处罚决定书送达当事人。

A. 5　　B. 7　　C. 10　　D. 15

答案：B

(8) 行政处罚是指具有行政处罚权的行政主体为维护公共利益和社会秩序，保护公民、法人或其他组织的合法权益，依法对相对人违反行政法律规范而尚未构成犯罪的行为所实施的法律制裁。据此，下列属于“行政处罚”的是（　　）。

A. 暂扣违章司机的驾驶证

B. 对醉酒的人约束至酒醒

C. 对严重违反《公务员法》的公务员给予开除处分

D. 对到期不缴纳税费的纳税人，按日加收滞纳税款万分之五的滞纳金

答案：A

(9)《行政处罚法》规定，行政机关在调查或进行检查时，执法人员不得少于2人，并应当向当事人或有关人员出示证件。这体现了行政处罚程序中的（　　）。

A. 罚缴分离制度　　B. 告知制度

C. 表明身份制度　　D. 说明理由制度

答案：C

(10)《行政处罚法》规定，行政机关在调查或者进行检查时，执法人员不得少于（　　）。

A. 1人　　B. 2人　　C. 3人　　D. 无限制

答案：B

（11）行政处罚是针对公民、法人或者其他组织何种行为的处理？（ ）

A. 违反民事法律规范　　B. 违反行政法律规范

C. 违反刑事法律规范　　D. 违反一切法律规范

答案：B

（12）对当事人的同一个违法行为，根据行政处罚法的规定，（ ）。

A. 不得给予行政拘留和暂留证照

B. 不得给予两次以上的罚款

C. 不得给予一次行政拘留，一次罚款

D. 不得给予一次警告，同时吊销许可证

答案：B

（13）我国行政处罚法对当事人权利的保护表现在（ ）。

A. 赋予相对人处罚决定过程中的陈述权、申辩权

B. 没有规定相对人对处罚不服可以申请复议或者提起行政诉讼

C. 规定相对人对违法的行政处罚决定可以不予执行

D. 没有规定相对人对行政处罚造成的损害可以请求国家赔偿

答案：A

（14）下列关于行政处罚听证程序的表述，正确的是哪一项？（ ）

A. 听证程序由行政机关决定是否启动，与当事人无关

B. 相对人承担行政机关举行听证的费用

C. 听证由行政机关指定的本案调查人员主持

D. 可适用于吊销个体工商户营业执照的行政处罚

答案：D

（15）行政处罚在性质上属于（ ）。

A. 行政制裁　　B. 行政处分　　C. 刑事制裁　　D. 行政强制执行

答案：A

（16）限制人身自由的行政处罚，只能由（ ）设定。

A. 行政法规　　B. 法规和规章

C. 法律　　D. 法律、行政法规和地方性法规

答案：C

（17）依据《行政处罚法》的规定，行政机关应当在举行听证的（ ）日前，通知当事人及有关人员听证的时间、地点。

A. 3　　B. 5　　C. 7　　D. 10

答案：C

（18）依据《行政处罚法》的规定，行政处罚一般由（　　）的行政机关管辖。

A. 地方人民政府所在地　　B. 行政机关所在地

C. 行政相对人住所地　　D. 违法行为发生地

答案：D

（19）行政处罚与行政处分的区别有（　　）。

A. 作出的主体不同　　B. 制裁的对象不同

C. 行为的性质不同　　D. 依据的法律、法规不同

答案：ABCD

（20）根据《行政处罚法》的规定，行政处罚主体进行委托时，受委托组织必须符合的条件有（　　）。

A. 依法成立并具有管理公共事务职能的事业组织

B. 具有熟悉有关法律、法规、规章和业务并取得行政执法资格的工作人员

C. 对违法行为需要进行技术检查或者技术鉴定的，应当有条件组织进行相应的技术检查或者技术鉴定

D. 必须具有法人资格

答案：ABC

（21）适用简易程序的行政处罚必须符合的法定条件有（　　）。

A. 违法事实确凿

B. 对该违法行为处以行政处罚有明确、具体的法定依据

C. 处罚较为轻微，即对公民处以200元以下、对法人或者其他组织处以3 000元以下罚款或者警告

D. 相对人已经认识到行为违法

答案：ABC

（22）对行政机关拟作出的下列行政处罚，当事人有权要求听证的有（　　）。

A. 行政拘留　　B. 责令停产停业

C. 吊销许可证或者执照　　D. 较大数额罚款

答案：BCD

2. 名词解释

行政处罚　　一事不再罚原则　　行政拘留　　综合执法机关

3. 简答题

（1）简述行政处罚的基本原则。

（2）简述行政处罚的种类。

（3）简述行政处罚的设定。

（4）简述行政处罚执行程序。

4. 论述题

（1）论述行政处罚决定程序。

（2）论述行政处罚的实施机关。

5. 案例分析

案例一

案情简介：

某区公安局派出所突击检查孔某经营的娱乐城，孔某向正在赌博的人员通风报信，派出所突击检查一无所获。派出所工作人员将孔某带回调查，孔某因受到逼供而说出实情。派出所据此决定对孔某拘留 10 日。

问题：

（1）在作出拘留决定前，孔某是否有权要求举行听证？

（2）对孔某的拘留决定是否合法？

（3）如果孔某对拘留的处罚决定不服并提起行政诉讼，公安机关是否应暂缓拘留决定的执行？

简要分析：

（1）无权要求听证。《行政处罚法》规定，行政机关作出责令停产停业、吊销许可证或者执照、较大数额罚款、没收较大数额违法所得、没收较大价值非法财物等行政处罚决定之前，应当告知当事人有要求举行听证的权利；当事人要求听证的，行政机关应当组织听证。当事人不承担行政机关组织听证的费用。根据上述规定可知，对于行政处罚的听证不包括行政拘留，所以，孔某无权要求听证。

（2）不合法。《治安管理处罚法》规定，治安管理处罚由县级以上人民政府公安机关决定；其中警告、500 元以下的罚款可以由公安派出所决定。由此可知，公安派出所仅对警告、500 元以下的罚款有处罚决定权，对行政拘留没有决定权，因此，该派出所作出拘留决定的做法是不合法的。

（3）公安机关根据情况决定是否暂缓拘留决定的执行，如果有法律规定情形，应当暂缓执行。《行政处罚法》规定，当事人对行政处罚决定不服，申请行政复议或者提起行政诉讼的，行政处罚不停止执行，法律另有规定的除外。当事人对限制人身自由的行政处罚决定不服，申请行政复议或者提起行政诉讼的，可以向作出决定的机关提出暂缓执行申请。符合法律规定情形的，应当暂缓执行。本案涉及的行政处罚是行政拘留，属于限制人身自由的行政处罚决定。

案例二

案情简介：

张某经营一家熟食店，为牟取暴利，经常向无证商贩购买低价猪肉，加工成熟食后进行销售。20××年，经群众举报，市卫健局对该熟食店进行检疫调查。结果发现，张某经营的熟食制品中有3个品种、7批次细菌严重超标，对食用者的身体健康构成较大危害。因此，市卫健局依照食品安全相关法律的规定，对张某处以5 000元罚款，销毁所有不合格熟食制品，没收违法所得2 000元，并吊销张某的食品卫生许可证的处罚。张某对此处罚决定表示服从，没有提起行政复议和行政诉讼。

同年8月，张某所在区的市场监督管理局以熟食店违法经营为由，又对张某进行了查处，决定罚款6 000元并吊销熟食店的营业执照。张某认为，自己因出售不合格食品一事已被卫健局罚了款，市场监督管理局就不应该再进行处罚。市场监督管理局认为卫健局是依据其对食品卫生监督的职权对张某进行处罚的，而市场监督管理局是根据其对市场管理的职权依法行政的，且程序合法，二者并不矛盾。

问题：

本案是否适用一事不再罚原则？

简要分析：

一事不再罚原则是行政处罚适用方面极为重要的原则，它主要是指对相对人同一个违反行政法律规范的行为，不得以相同的事实和相同的依据，给予两次以上的行政处罚。《行政处罚法》规定："对当事人的同一个违法行为，不得给予两次以上罚款的行政处罚。同一个违法行为违反多个法律规范应当给予罚款处罚的，按照罚款数额高的规定处罚。"这一规定实际上是一事不再罚原则的重要体现，它对于抑制实践中存在的滥罚款现象具有重要的意义。当然，《行政处罚法》的这一规定还不能称作一事不再罚原则的充分体现，因为它仅仅规定了不得给予两次以上的"罚款"，而不是不得给予两次以上的"行政处罚"。

根据以上标准，我们首先可以确定本案中张某经常向无证商贩购买低价猪肉加工成熟食后进行销售牟取暴利的行为，在客观上是一个违法行为，即"一事"，但是违反了两个行政法律规范，分别是有关食品卫生和市场监督管理方面的规范，卫健局和市场监督管理局显然都有权对其进行处罚，这适用我国法律的一事不再罚原则。但是如前所述，《行政处罚法》规定的一事不再罚原则是狭义的一事不再罚原则，虽然两个机关都有权对张某的违法行为进行处罚，但前一个机关已经对其进行了罚款处罚，后一个机关就不能再对其罚款了，只能适用其他的处罚方式。本案中，在卫健局已经对张某处以5 000元罚款的情况下，市场监督管理局就不能再对其罚款，只能适用罚款以外的处罚方式。因此，本案中，一方面张某的认识不够全面，另一方面市场监督管理局的处罚违反了《行政处罚法》规定的一事不再罚原则。

第八章 其他重要的行政行为

学前思考练习

法律速查

1. 想一想现实中的拆迁行为的性质。

2. 民政部门办理结婚或离婚登记的行为，属于什么类型的行政行为？

3. 行政部门授予“劳动模范”“见义勇为”等荣誉称号的行为，属于什么类型的行政行为？

4. 邻里发生纠纷，经派出所民警协调，当事人达成了协议。派出所的这种行为属于什么类型的行政行为？

具体学习目标

1. 掌握行政征收、行政征用、行政确认、行政给付、行政奖励、行政裁决和行政调解的含义。

2. 理解行政征收、行政征用、行政确认、行政给付、行政奖励、行政裁决和行政调解的特征。

3. 了解行政征收、行政征用、行政确认、行政给付、行政奖励、行政裁决和行政调解的法律关系、程序等。

具体考核要求

识记：（1）行政征收；（2）行政征用；（3）行政确认；（4）行政给付；（5）行政奖励；（6）行政裁决；（7）行政调解。

领会：（1）行政征收的特征；（2）行政征收的种类；（3）行政征收的原则；（4）行政征用的种类；（5）行政征用的特征；（6）行政确认的特征；（7）行政确认的种类；（8）行政给付的特征；（9）行政给付的种类；（10）行政奖励的特征；（11）行政奖励的基本原则、内容和形式；（12）行政裁决的特征；（13）行政裁决的种类；（14）行政调解的特征；（15）行政调解的种类。

应用：结合案例分析行政行为的类型。

本章名词术语

1. 行政征收是指行政主体基于国家利益或者公共利益的需要，依法向行政相对人强制地取得税、费以及土地、企业等其他财产权益的行政行为。

2. 行政征用是指行政主体根据国家和公共利益的需要，强制地取得相对人的财产使用权或者劳务，并给予相应补偿的行政行为。

3. 行政确认是指行政主体依法对相对人的法律地位、法律关系或有关法律事实进行甄别，给予确定、认定、证明（或否定）并予以宣告的行政行为。

4. 行政给付即行政物质帮助，是指行政主体在公民年老、疾病或丧失劳动能力等情况或其他特殊情况下，依照有关法律、法规的规定，赋予其一定的物质权益或与物质有关的权益的行政行为。

5. 行政奖励是指行政主体为表彰先进、激励后进，充分调动和激发人们的积极性与创造性，依照法定条件和程序，对为国家、人民和社会作出突出贡献或模范地遵纪守法的相对人，给予物质的或精神的奖励的行政行为。

6. 行政裁决是指由行政机关依照法律授权，对当事人之间发生的、与行政管理活动密切相关的、与合同无关的民事纠纷进行审查，并作出裁决的行政行为。

7. 行政调解是指由行政机关主持的，以国家政策、法律为依据，以自愿为原则，通过说服教育的方法，促使双方当事人友好协商，达成协议，从而解决争议的方法和活动。

重点难点内容

一、行政征收

1. 行政征收的含义

行政征收是指行政主体基于国家利益或者公共利益的需要，依法向行政相对人强制地取得税、费以及土地、企业等其他财产权益的行政行为。

2. 行政征收的特征

（1）强制性。

（2）形式多样性。

（3）无偿性和相应的补偿性。

（4）法定性。

（5）先定性和固定性。

3. 行政征收的种类

目前，我国行政征收体制主要由税的征收、费的征收、土地征收、企业征收等制度组成。

4. 行政征收的原则

（1）法定原则。

（2）公平负担与受益者负担原则。

（3）公开、公平、公正原则。

（4）效率原则。

（5）确保财政收入、促进社会经济的可持续发展的原则。

（6）尊重个人和组织财产权原则。

二、行政征用

1. 行政征用的含义

行政征用是指行政主体根据国家和公共利益的需要，强制地取得相对人的财产使用权或者劳务，并给予相应补偿的行政行为。

2. 行政征用的种类

（1）土地征用。

（2）劳务征用。

（3）房屋、设备、交通运输工具等财产的征用。

3. 行政征用的特征

（1）强制性。

（2）公益性。

（3）一定的补偿性。

（4）法定性。

三、行政确认

1. 行政确认的含义

行政确认是指行政主体依法对相对人的法律地位、法律关系或有关法律事实进行甄别，给予确定、认定、证明（或否定）并予以宣告的行政行为。

2. 行政确认的特征

（1）行政确认行为的主体是行政主体。

（2）行政确认行为的内容或者目的是对相对人的法律地位和权利、义务的确定或者否定。

（3）行政确认权是国家行政权的组成部分，行政确认行为是行政主体的行政行为。

（4）行政确认是要式行政行为。

（5）行政确认是羁束性行政行为。

3. 行政确认的内容

（1）法律事实的确认，主要包括以下内容：技术鉴定、卫生检疫、抚恤性质和等级的鉴定、公证、其他。例如，选举是否合法的确认、文化制品是否合法的确认等。

（2）法律关系的确认，主要包括以下内容：①不动产所有权的确认，包括城镇私有房屋所有权、土地所有权等。②不动产使用权的确认，包括自然资源使用权、土地使用权等。③合同效力的确认，包括劳动争议仲裁委员会对无效的劳动合同的确认，以及对解除合同效力的确认等。④专利权的确认，包括是否职务发明的专利权的确认等。

4. 行政确认的种类及范围

（1）公安行政确认。公安行政确认主要是对交通事故中的车辆、物品、路况以及当事人的生理、精神状态的检验和鉴定；对交通事故等级的确认；对当事人交通事故责任的认定；对行政案件的原告中自然人、受治安行政拘留的人员和收审人员的精神病司法鉴定等。

（2）民政行政确认。民政行政确认主要是对现役军人死亡性质、伤残性质的确认，对烈士纪念建筑物等级的确认，对结婚、离婚条件的确认等。

（3）劳动行政确认。劳动行政确认主要是对工人职员伤亡事故原因、责任的确认，对锅炉压力容器事故原因和责任的确认，对特别重大事故的技术鉴定等。

（4）卫生行政确认。卫生行政确认主要是对食品卫生的确认，对新药及进口药品的鉴定，对国境卫生的鉴定，对医疗事故等级的鉴定等。

（5）经济行政确认。经济行政确认主要是对产品标准化的行政认证和计量器具检定、产品质量认证，对商标和专利权的审定，对著作权属的确认，对动植物检疫的确认，对自然资源的所有权和使用权的确认，对解除合同效力的确认等。

（6）司法行政确认。司法行政确认主要指《中华人民共和国公证法》第 11 条规定的有关确认，包括：合同；继承；委托、声明、赠与、遗嘱；财产分割；招标投标、拍卖；婚姻状况、亲属关系、收养关系；出生、生存、死亡、身份、经历、学历、学位、职务、职称、有无违法犯罪记录；公司章程；保全证据；文书上的签名、印鉴、日期，文书的副本、影印本与原本相符；自然人、法人或者其他组织自愿申请办理的其他公证事项。

四、 行政给付

1. 行政给付的含义

行政给付即行政物质帮助，是指行政主体在公民年老、疾病或丧失劳动能力等情况或其他特殊情况下，依照有关法律、法规的规定，赋予其一定的物质权益或与物质有关的权益的行政行为。

2. 行政给付的特征

（1）行政给付是行政主体依法向相对人给付金钱或实物的行政行为。

（2）行政给付的对象是特定的相对人，既可以是个人，也可以是组织。

（3）行政给付是一种依申请的行政行为。

（4）行政给付是依法作出的行政行为。

3. 行政给付的内容

行政给付的内容是指行政机关通过行政给付行为赋予给付对象一定的物质上的权益或与物质相关的权益。物质上的权益表现为一定数量的金钱或实物。与物质相关权益的表现形式很多，如免费入学受教育、享受公费医疗待遇等。

4. 行政给付的种类

（1）抚恤金。

（2）特定人员离退休金。

（3）社会救济、福利金。

（4）自然灾害救济金及救济物资。

五、 行政奖励

1. 行政奖励的含义

行政奖励是指行政主体为表彰先进、激励后进，充分调动和激发人们的积极性与创造性，依照法定条件和程序，对为国家、人民和社会作出突出贡献或模范地遵纪守法的相对人，给予物质的或精神的奖励的行政行为。

2. 行政奖励的特征

（1）实施行政奖励的主体是行政机关或法律、法规授权的组织。

（2）行政奖励的目的在于表彰先进、激励后进，调动和激发广大人民群众的积极性和创造性。

（3）行政奖励的对象是为国家、人民和社会作出突出贡献或模范地遵纪守法的相对人，其范围相当广泛。外国组织或个人在我国作出了显著贡献，同样可以成为行政奖励的对象。

（4）行政奖励的内容包括物质的和精神的奖励。这两种奖励，既可单独进行，又可合并进行。

3. 行政奖励的性质

（1）行政奖励行为不具有强制执行力。

（2）行政奖励是一种法定的行为。

4. 行政奖励的基本原则

（1）依法奖励、实事求是的原则。

（2）奖励与受奖行为相当的原则。

（3）精神奖励和物质奖励相结合的原则。

（4）公正、合理、民主、平等的原则。

（5）及时性、时效性和稳定性原则。

5. 行政奖励的构成要件

（1）符合法定的奖励条件和标准。

（2）符合法定的奖励形式。

（3）符合法定的奖励权限。

（4）符合法定的奖励程序。

6. 行政奖励的内容和形式

（1）精神方面的权益，如授予“劳动模范”等荣誉称号，给予表扬，通令嘉奖，记功，发给奖状、荣誉证书、奖章等。

（2）物质方面的权益，即发给奖金或各种各样的奖品。

（3）职权方面的权益，即予以晋级或晋职。

这三种奖励的形式，既可单独进行，又可合并进行。

六、 行政裁决

1. 行政裁决的含义

所谓行政裁决，是指由行政机关依照法律授权，对当事人之间发生的、与行政管理活动密切相关的、与合同无关的民事纠纷进行审查，并作出裁决的行政行为。

2. 行政裁决的特征

（1）当事人之间发生了与行政管理活动密切相关的民事纠纷，是行政裁决的前提。

（2）行政裁决的主体是法律授权的行政机关。

（3）行政裁决程序依当事人的申请而开始。

（4）行政裁决是行政机关行使行政裁决权的活动，具有法律效力。

3. 行政裁决的原则

（1）公平、平等的原则。

（2）简便、迅速的原则。

（3）客观、准确的原则。

4. 行政裁决的种类

（1）权属纠纷的裁决。

（2）侵权纠纷的裁决。

（3）损害赔偿纠纷的裁决。

七、 行政调解

1. 行政调解的含义

行政调解是指由行政机关主持的，以国家政策、法律为依据，以自愿为原则，通过说服教育的方法，促使双方当事人友好协商，达成协议，从而解决争议的方法和活动。

2. 行政调解的特征

（1）行政调解是由行政机关主持的，其调解主体仅限于行政机关。

（2）行政调解以当事人自愿为原则。自愿原则包括：自愿决定是否采取调解方式来解决争议，自愿选择所适用的规则，自愿决定是否达成协议。

（3）行政调解是一种诉讼外的调解，它不是仲裁或行政诉讼的必经程序，不能限制当事人的仲裁申请权和司法诉讼权。

（4）行政调解的对象既可以是民事争议，又可以是行政争议。

3. 行政调解的种类

（1）正式调解和非正式调解。

（2）民事争议调解和行政争议调解。

4. 行政调解的程序

（1）提交调解申请。除法律有明确规定的以外，提交调解申请并非必要条件，行政机关也可主动进行调解。

（2）征求意见。

（3）调查事实。

（4）调停、斡旋。

（5）调解协议书的送达。

5. 行政调解的法律后果

行政调解作为行政机关的一种行为，具有一定的法律后果。依法成立的行政调解可以引起两种法律后果。

（1）行政处理后果。行政调解成立后，行政机关不能就同一事件另行处理。如果当事人一方不履行调解协议，对非正式调解，另一方当事人可向人民法院提起民事诉讼；对正式调解，另一方当事人可依法申请人民法院强制执行。

（2）强制执行后果。对正式调解，调解书一经送达便发生法律效力，具有强制执行力，如果一方当事人不履行协议，另一方当事人可依法申请人民法院强制执行。

课后思考练习

1. 选择题

（1）目前，我国行政征收体制主要由（　　）等制度组成。

A. 税的征收　B. 费的征收　C. 土地征收　D. 企业征收

答案：ABCD

（2）下列选项，属于行政征用特征的有（　　）。

A. 强制性　B. 公益性　C. 一定的补偿性　D. 法定性

答案：ABCD

（3）下列纠纷，可以请求行政机关进行行政裁决的有（　　）。

A. 权属纠纷　B. 侵权纠纷

C. 损害赔偿纠纷　D. 婚姻家庭纠纷

答案：ABC

（4）下列哪一项不是行政征用的种类？（　　）

A. 土地征用

B. 劳务征用

C. 房屋、设备、交通运输工具等财产的征用

D. 个人存款

答案：D

（5）行政给付的种类包括（　　）。

A. 抚恤金　B. 特定人员离退休金

C. 社会救济、福利金　　D. 自然灾害救济金及救济物资

答案：ABCD

(6) 行政奖励的性质包括（　　）。

A. 行政奖励是抽象行政行为

B. 行政奖励行为不具有强制执行力

C. 行政奖励是一种法定的行为

D. 行政奖励行为具有强制执行力

答案：BC

(7) 行政裁决的特征包括（　　）。

A. 当事人之间发生了与行政管理活动密切相关的民事纠纷，是行政裁决的前提

B. 行政裁决的主体是法律授权的行政机关

C. 行政裁决程序依当事人的申请而开始

D. 行政裁决是行政机关行使行政裁决权的活动，具有法律效力

答案：ABCD

(8) 关于行政调解的法律后果，表述准确的有（　　）。

A. 行政调解成立后，行政机关不能就同一事件另行处理

B. 如果当事人一方不履行调解协议，对非正式调解，另一方当事人可向人民法院提起民事诉讼

C. 对正式调解，调解书一经送达便发生法律效力，具有强制执行力

D. 对正式调解，如果一方当事人不履行协议，另一方当事人可依法申请人民法院强制执行

答案：ABCD

2. 名词解释

行政征收　　行政征用　　行政确认　　行政给付

行政奖励　　行政裁决　　行政调解

3. 简答题

(1) 简述行政征收的含义和特征。

(2) 简述行政征收的原则。

(3) 简述行政征用的含义和特征。

(4) 简述行政确认的含义和特征。

(5) 简述行政给付的含义和特征。

(6) 简述行政奖励的含义和特征。

（7）简述行政裁决的含义和特征。

（8）简述行政调解的含义和特征。

（9）简述行政调解的法律后果。

4. 论述题

（1）论述行政征收。

（2）论述行政征用。

（3）论述行政确认。

（4）论述行政给付。

（5）论述行政奖励。

（6）论述行政裁决。

（7）论述行政调解。

第九章 行政程序

学前思考练习

1. 思考程序的重要性。
2. 请举例说明什么是行政程序。
3. 搜索浏览网上不同版本的行政程序法专家建议稿。

具体学习目标

1. 掌握行政程序的概念。
2. 理解行政程序基本原则；理解行政程序基本制度。
3. 了解行政程序的种类。

具体考核要求

识记：（1）行政程序；（2）行政程序法；（3）内部行政程序；（4）外部行政

程序；（5）事前行政程序；（6）事后行政程序；（7）普通程序；（8）简易程序；（9）信息公开制度；（10）听证制度；（11）辨明制度；（12）告示制度；（13）职能分离制度；（14）档案制度；（15）防止偏见制度；（16）时效制度；（17）代理制度；（18）不停止执行制度；（19）紧急处置制度。

领会：（1）行政程序的特征；（2）行政程序的种类；（3）行政程序的价值；（4）行政程序基本原则；（5）行政程序基本制度。

应用：结合案例判断行政程序的合法有效性。

本章名词术语

1. 行政程序是指行政主体实施行政行为必须遵守的方式、步骤、空间、时限。

2. 内部行政程序是规范内部行政行为的程序。内部行政行为是行政机关对其内部行政事务进行处理的行为，其基本特征是行政机关与当事人之间存在法定行政隶属关系。

3. 外部行政程序是规范行政主体外部行政行为的程序。外部行政行为是行政主体基于行政权，对社会公共事务进行处理的行为。其基本特征是行政主体与相对人之间，存在行政法上的管理与服从关系，而且行政行为的内容涉及相对人法律上的权利和义务。

4. 事前行政程序是具体的行政管理活动结束以前经过的行政程序，如行政立法程序、行政命令程序、行政调查程序、行政裁决程序等。

5. 事后行政程序是指具体的行政管理活动结束以后所进行的复查、补救程序，如行政复议程序等。

6. 普通程序又称一般程序或正式程序，是指行政主体行使行政权时应当遵守的基本程序，它是行政程序中最完整的程序，是除符合简易程序以外的所有行政行为都应该遵循的程序。

7. 简易程序又称非正式程序，是指行政主体对案情简单的行政事务予以处理和执行，或者在紧急情况下没收、扣押违法物品、工具等所应遵守的程序。

8. 行政程序法上的回避制度是指在金钱、利害、爱憎关系等可能为个人偏见所左右的利害关系中，行政机关作出关系到相对人的决定时，要尽可能地把有偏见立场的成员排除在外。

9. 听证制度是指有关行政机关作出影响相对人的权利和义务的决定之前，双方提出证据与反证、交叉询问，而由行政机关基于笔录作出决定的制度。

10. 辨明制度为日本所独创，其渊源是美国听证制度中的陈述性听证。与听证制度不同，辨明制度的基本内容包括：以书面审理为原则；由行政机关直接进行裁决，而无须审、决分开；具有比听证制度更多的职权调查主义色彩；相对人有陈述意见的机会，没有交叉询问程序。

11. 告示制度是行政机关在作出影响相对人的权利和义务的决定之前或之后，将有关事项通知或告诉相对人的制度。

12. 档案制度是有关行政机关将其与相对人的活动过程记录在案以备查考的制度。

13. 防止偏见制度是有关排除从事行政调查和裁决的行政机关工作人员的个人偏见，保障其客观、公正的制度。

14. 时效制度是指如果行政程序法律关系主体在法定期限内不作为，在法定期限届满后即产生相应的不利法律后果。

15. 代理制度是指行政程序法律关系主体不履行或无法履行法定义务时，依法由他人代而为之。

16. 不停止执行制度是指相对人因不服行政决定而提起申诉后，除法律规定的情形外，行政决定必须执行。

17. 紧急处置制度是指行政机关在某些法定的特殊情况下，可以省略某些程序而采取紧急措施的制度。

18. 行政公开原则是指对重要的行政行为、与相对人的权利和义务直接相关的行政行为，要通过一定的行政程序让相对人了解。

19. 信息公开又称情报公开、资讯公开，是指凡涉及行政相对人的权利、义务的行政信息资料，除法律规定应予保密外，有关机构均应依法向社会公开，任何公民或组织均可依法查阅或复制。

20. 广义的职能分离，是指行政机关的不同工作因其性质不同，而必须由不同部门或人员来完成，以避免因职能合并而导致主观臆断或偏见。

21. 狭义的职能分离，即典型的职能分离，是指行政主体在作出行政决定或举行正式听证时，其机构或者人员，不能从事与裁决和听证行为不相容的活动，以保证裁决和听证的公正。

重点难点内容

一、行政程序的概念和特征

行政程序是指行政主体实施行政行为必须遵守的方式、步骤、空间、时限。行政程序具有如下特征：

（1）行政程序是行政权的运转过程。

（2）行政程序是行政权运转的动态过程。

（3）行政程序具有形式性。

（4）行政程序具有参与性。

（5）行政程序具有法定性。

二、 行政程序的种类

（1）内部行政程序和外部行政程序。

（2）事前行政程序和事后行政程序。

（3）抽象行政行为程序和具体行政行为程序。

（4）行政立法程序、行政执法程序和行政司法程序。

（5）普通程序和简易程序。

三、 行政程序的价值

（1）行政程序可以确保行政权有效行使。

（2）确保公民民主权利实现。

（3）从程序上保证相对人的合法权益。

（4）提高行政效率。

四、 行政程序基本原则

（1）行政民主原则。

(2) 行政法制原则。

(3) 行政公平原则。

(4) 行政效率原则。

(5) 行政公开原则。

五、 保证公平原则实现的程序制度

(1) 回避制度。

(2) 听证制度。

(3) 辨明制度。

(4) 告示制度。

(5) 职能分离制度。

(6) 档案制度。

(7) 防止偏见制度。

六、 保证效率原则实现的程序制度

(1) 时效制度。

(2) 代理制度。

(3) 不停止执行制度。

(4) 紧急处置制度。

七、 行政公开的内容和行政公开原则的例外

行政公开制度主要包括以下几个方面的内容:

(1) 行政立法公开。

(2) 重大行政决策公开。

(3) 行政程序公开。

(4) 行政信息公开。

(5) 行政决定公开。

原则上，行政机关应该将其掌握的文件资料向公众公开，但有时行政公开可能涉及国家安全、影响行政效率，以及暴露个人隐私或商业秘密。这时，立法者必须在行政公开的公共利益与不公开的公共利益之间进行平衡。

八、 行政程序基本原则和行政程序基本制度的关系

行政程序基本原则是指贯穿行政程序的基本准则和内在精神，包括行政民主原则、行政法制原则、行政公平原则、行政效率原则和行政公开原则。行政程序基本制度是指在行政程序中具有相对独立性，对整个行政程序具有重要影响的规则体系，主要包括信息公开制度、职能分离制度、听证制度等。

行政程序基本制度具有较强的规范性、确定性和可操作性。行政程序基本制度的规范性，是指违反基本制度的内容将会直接导致不利法律后果，因而区别于行政程序基本原则。这是因为行政程序基本原则本身并非法律规范，而行政程序基本制度是由法律规范构成的。

行政程序基本原则也需要基本的程序制度来实现。一方面，行政程序基本原则的精神可以通过其基本制度表现出来，而行政程序基本制度又将其基本原则的精神运用到实践中，从而使抽象的法律精神转化为具体的法律规范，成为行政主体共同遵守的行为准则；另一方面，行政程序基本制度是由行政程序法律规范构成的，而行政程序法律规范又是从行政程序基本原则中推导而来的，所以，行政程序基本制度对行政程序基本原则具有阐释作用。

当然，行政程序基本原则和行政程序基本制度的关系，不是简单的对应关系，一项基本原则可能体现于若干基本制度之中，一项基本制度也可能体现几项不同的基本原则。行政程序基本原则从其理论渊源来讲，是行政程序法目标模式的具体化，是从目标模式演绎而来的。从另一角度讲，行政程序基本原则又是对行政程序基本制度的概括和总结。基本原则一般不具有直接操作功能，所以它必须通过基本制度来实现价值。如果只规定基本原则，而不规定基本制度，将会使行政程序法因无法真正实施而失去其基本功能。

九、 信息公开制度

1. 信息公开的概念

信息公开又称情报公开、资讯公开，是指凡涉及行政相对人的权利、义务的行政信息资料，除法律规定应予保密外，有关机构均应依法向社会公开，任何公民或组织均可依法查阅或复制。

2. 信息公开制度的内容

信息公开制度的内容，主要包括法律依据、适用范围、信息公开的基本形式、

申请获得信息的程序、信息公开的例外、救济制度等方面。

《中华人民共和国政府信息公开条例》（简称《政府信息公开条例》）的颁行，标志着我国信息公开制度正式建立。《政府信息公开条例》按照“以公开为原则、以不公开为例外”的要求，对政府信息公开的范围和主体、方式和程序、监督和保障等内容作出了具体规定。

十、 职能分离制度

1. 职能分离的概念

职能分离是英美普通法上的传统制度。广义的职能分离，是指行政机关的不同工作因其性质不同，而必须由不同部门或人员来完成，以避免因职能合并而导致主观臆断或偏见。狭义的职能分离，即典型的职能分离，是指行政主体在作出行政决定或举行正式听证时，其机构或者人员，不能从事与裁决和听证行为不相容的活动，以保证裁决和听证的公正。

2. 职能分离的内容

《行政处罚法》集中规定的两种职能分离制度都是内部职能分离。其一，行政案件的调查与行政处罚的决定相分离。在行政处罚的普通程序中，规定由执法人员调查或检查、收集证据，而由行政机关负责人对调查结果进行审查并作出处罚决定，重大、复杂的违法行为导致的行政处罚还应由行政机关负责人集体讨论决定。其二，决定行政罚款的机关与收缴罚款的机关相分离。罚款这一行政处罚具有特殊性，极易导致各种形式的腐败。因此，《行政处罚法》规定，除个别情形外，作出罚款决定的机关不得自行收缴罚款，由当事人在规定时间内到指定的银行缴纳罚款。同时，罚款必须上缴国库，任何行政机关或个人都不得以任何形式私分、截留。

十一、 听证制度

1. 听证的概念

听证是指行政机关在作出有关行政决定之前，听取相对人陈述、申辩、质证的程序。

2. 听证的基本内容

（1）听证主持人。听证程序应由行政机关中具有相对独立地位的专门人员或者部门来主持，它们是行政机关中非直接参与案件调查取证的人员或者部门，并且这些人员或者部门有权力，也有职责独立办案，不受来自各方面的干扰，可客观、公正地依据事实和法律作出判断。《行政处罚法》规定：听证由行政机关指定的非本案调查人员主持；当事人认为主持人与本案有直接利害关系的，有权申请回避。案件调查取证人员、行为人的近亲属、与案件处理结果有利害关系的人员，不得被任命为听证主持人。这是基于行政程序中的职能分离制度。

（2）听证程序的相对人和其他参加人。听证程序的相对人是指参加听证的申请人和被申请人。申请人是指行政机关中直接参与案件调查取证的人员或者部门。被申请人是指被行政机关认为其实施违法行为，并将要受到行政处理的公民、法人和其他组织。在听证程序中，申请人和被申请人的权利与义务平等，他们都有权委托听证代理人参加听证的辩论、提出有关证据、提出回避等；也有义务遵守听证秩序，服从听证主持人的决定。此外，为了保护被申请人的合法权益，被申请人还有辩护权及辩论后的最后陈述权。如果被申请人无正当理由未参加听证，应视为放弃听证。与案件处理结果有直接利害关系的第三人也有权要求参加听证。在听证中，第三人享有与被申请人相同的权利并承担与被申请人相同的义务。申请人的代理人、被申请人的代理人享有受委托的权利，他们可以是律师，也可以是其他人员。代理人一般为1~2人。

（3）听证的一般步骤。听证大致按以下的步骤进行：第一，听证主持人宣布听证会开始；第二，申请人宣读指控书或作出处理决定的理由；第三，听证主持人询问被申请人、证人和其他人员并出示有关证据材料；第四，被申请人从事实和法律上进行答辩；第五，申请人和被申请人就与本案有关的事实和法律问题进行答辩；第六，辩论结束后，被申请人作最后陈述。听证主持人可以根据情况，作出延期、中止或终止听证的决定。

（4）证据审查。证据包括证人证言、物证、书证、相对人陈述、勘验笔录、视听材料、电子数据、鉴定意见、现场笔录等。所有与认定案件主要事实存在关系的全部证据，都必须在听证中出示，并经认定、鉴定及辩论，否则，不得作为听证主持人认定案件事实的依据。此外，应做好作为证据的听证笔录。听证笔录应经听证主持人审阅后，由听证主持人签名或盖章。听证笔录中有关证人证言部分，应当场宣读或经证人审阅，证人确认没有错误后，应当签名或盖章。听证笔录也应交申请人和被申请人审阅或者向他们宣读，申请人或者被申请人可以进行补充、修改，在确认无误后，应当分别签字或者盖章。

（5）作出行政决定。听证结束后，应该由主持听证的部门向实施行政行为的行政机关提出行政决定建议。行政决定必须以经过听证出示、鉴定、认定及辩论的证据为事实依据，不得以未经听证的证据为依据。

（6）公开举行。听证一般公开进行。任何人员都可以参加，也可以进行宣传报道。举行听证的行政机关要在举行听证前的适当时间，把举行听证的时间、地点、案由公之于众。这样既有利于加强公众对行政机关的监督，也有利于通过听证来进行社会主义法治教育。但是，公开举行听证有可能损害公共安全和相对人的合法权益或者出现法律、法规规定的其他情况，行政机关可以作出不公开举行听证的决定。

（7）费用。听证费用由国库承担，相对人不承担行政机关组织听证的费用。

课后思考练习

1. 选择题

（1）行政主体实施行政行为必须遵守的方式、步骤、空间、时限，是（　　）。

A. 行政执行　　B. 行政强制　　C. 行政职权　　D. 行政程序

答案：D

（2）行政程序法上设立的下列制度，哪一项不是主要体现行政效率原则的？（　　）

A. 时效制度　　B. 不停止执行制度

C. 紧急处置制度　　D. 回避制度

答案：D

（3）有关行政机关作出影响相对人的权利和义务的决定之前，双方提出证据与反证、交叉询问，而由行政机关基于笔录作出决定的制度，称为（　　）。

A. 告示制度　　B. 回避制度

C. 听证制度　　D. 防止偏见制度

答案：C

（4）为了体现行政效率原则，行政程序法一般设定下列哪些制度？（　　）

A. 时效制度　　B. 代理制度

C. 不停止执行制度　　D. 紧急处置制度

答案：ABCD

（5）行政公开制度主要包括（　　）。

A. 行政立法公开　　B. 重大行政决策公开和行政信息公开

C. 行政程序公开　　D. 行政决定公开

答案：ABCD

（6）通常，以下哪类信息属于信息公开的例外？（　　）

A. 保密文件　　B. 法律文件　　C. 商业秘密　　D. 个人隐私

答案：ACD

（7）关于职能分离制度，正确的表述有（　　）。

A. 广义的职能分离，是指行政机关的不同工作因其性质不同，而必须由不同部门或人员来完成，以避免因职能合并而导致主观臆断或偏见

B. 完全职能分离是指行政案件的调查、审查与裁决，分别交由两个相互完全独立的机构来行使的一种制度

C. 内部职能分离是指在同一行政主体内部，由不同机构或人员分别行使案件调查、审查与裁决权的一种制度

D. 决定行政罚款的机关与收缴罚款的机关相分离，就属于一种具体的职能分离

答案：ABCD

2. 名词解释

行政程序	内部行政程序	外部行政程序	事前行政程序
事后行政程序	普通程序	简易程序	回避制度
听证制度	辨明制度	告示制度	防止偏见制度
时效制度	不停止执行制度	紧急处置制度	信息公开
广义的职能分离	狭义的职能分离		

3. 简答题

（1）简述行政程序的特征。

（2）简述行政程序的种类。

（3）简述行政程序的价值。

（4）简述行政程序基本原则。

（5）简述信息公开的概念及信息公开制度的主要内容。

（6）简述保证公平原则实现的程序制度。

（7）简述保证效率原则实现的程序制度。

4. 论述题

（1）论述行政程序基本制度。

（2）论述信息公开制度。

（3）论述听证制度。

（4）论述职能分离制度。

5. 案例分析

案情简介：

原告罗某是兴运2号船的船主，在乌江流域从事航运、采砂等业务。20××年11月17日，罗某因诉某市某水电开发有限公司财产损害赔偿纠纷案需要，通过邮政特快专递向被告某市某县地方海事处邮寄书面政府信息公开申请书，具体申请的内容为：（1）公开某县港航管理处、县地方海事处的设立、主要职责、内设机构和人员编制的文件；（2）公开兴运2号船发生事故的海事调查报告等所有事故材料。

县地方海事处于20××年11月19日签收后，未在法定期限内对罗某进行答复，罗某遂向县人民法院提起行政诉讼。

次年1月23日，县地方海事处作出《政府信息告知书》，载明：一是对申请公开的县港航管理处、县地方海事处的内设机构等信息，告知罗某获取信息的方式和途径；二是对申请公开的海事调查报告等所有事故材料，经查该政府信息不存在。县人民法院于3月31日对该案作出行政判决，确认县地方海事处在收到罗某的政府信息公开申请后未在法定期限内进行答复的行为违法。

4月22日，罗某以县地方海事处作出的《政府信息告知书》不符合法律规定，且与事实不符为由，提起行政诉讼，请求撤销该《政府信息告知书》，并由县地方海事处向罗某公开海事调查报告等涉及兴运2号船的所有事故材料。

问题：

（1）分析本案中哪些属于应当公开的政府信息。

（2）分析县地方海事处作出的《政府信息告知书》第二项，即告知罗某申请公开的该项政府信息不存在的行为。

（3）针对县地方海事处对罗某政府信息公开的申请不予答复和不满意《政府信息告知书》两个情况，罗某是否有权提起行政诉讼？

（4）人民法院如果受理政府信息公开的案件，一般采用普通程序还是简易程序审理？

简要分析：

（1）罗某申请的两项内容均属于应当公开的政府信息。①根据《政府信息公开条例》第2条“本条例所称政府信息，是指行政机关在履行行政管理职能过程中制作或者获取的，以一定形式记录、保存的信息”的规定，罗某申请公开县港航管理处、县地方海事处的设立、主要职责、内设机构和人员编制的文件，属于县地方海事处在履行行政管理职能过程中制作或者获取的，以一定形式记录、保存的信息，属于政府信息。②罗某申请公开兴运2号船发生事故的海事调查报告等所有事故材料，根据《中华人民共和国内河交通事故调查处理规定》的有关规定，船舶在内河发生事故的调查处理属于海事管理机构的职责，其在事故调查处理过程中制作或者获取的，以一定形式记录、保存的信息属于政府信息。县地方海事处作为县的海事管理机构，负有对县行政区域内发生的内河交通事故进行立案调查处理的职责，其在事故调查处理过程中制作或者获取的，以一定形式记录、保存的信息属于政府信息。

（2）地方海事处作出的《政府信息告知书》第二项，即告知罗某申请公开的该项政府信息不存在，仅有该县地方海事处的自述，没有提供证据证明其尽到了查询、翻阅和搜索的义务。故县地方海事处作出的《政府信息告知书》违法，应当予以撤销。

（3）均有权提起行政诉讼。依照《行政诉讼法》的规定，申请行政机关履行保护人身权、财产权等合法权益的法定职责，行政机关拒绝履行或者不予答复的和不服行政机关作出的相关决定，都属于行政诉讼的受案范围。

（4）应该采用简易程序审理。《行政诉讼法》第82条规定，人民法院审理下列第一审行政案件，认为事实清楚、权利义务关系明确、争议不大的，可以适用简易程序：①被诉行政行为是依法当场作出的；②案件涉及款额2 000元以下的；③属于政府信息公开案件的。

第十章 行政复议

学前思考练习

法律速查

1. 结合现实说说什么是行政复议？

2. 浏览《行政复议法》及《中华人民共和国行政复议法实施条例》（简称《行政复议法实施条例》）。

具体学习目标

1. 掌握行政复议的概念和特征；掌握行政复议范围和管辖。
2. 理解行政复议的基本原则。
3. 了解行政复议的程序。

具体考核要求

识记：（1）行政复议；（2）行政复议申请人；（3）行政复议被申请人；（4）行政

复议中的第三人；（5）行政复议范围；（6）行政复议管辖；（7）行政复议机构；（8）行政复议的申请时效；（9）行政复议决定。

领会：（1）行政复议的特征；（2）行政复议的基本原则；（3）行政复议申请人应具备的条件；（4）行政复议被申请人的种类；（5）行政复议中的第三人的种类；（6）可申请复议的行政机关作出的行为；（7）行政复议的排除事项；（8）行政复议机构的设置和职责；（9）复议申请形式；（10）对行政复议申请的受理；（11）行政复议的审理；（12）行政复议的决定；（13）行政复议决定的执行。

应用：分析行政复议有关案例。

本章名词术语

1. 行政复议是指公民、法人或者其他组织认为行政机关的行政行为侵犯其合法权益，依法向上级行政机关或者法律、法规规定的其他机关提出申请，由受理申请的行政机关对行政行为依法进行审查并作出处理决定的活动。

2. 诉讼终局原则或称司法最终原则，是指行政复议活动是行政机关内部层级监督与救济的重要方式之一，但不是最终的救济方式。当事人对行政复议决定不服的，除法律规定的例外情况，均可以向人民法院提起行政诉讼，人民法院经审理后作出的终审为发生法律效力的最终决定。

3. 行政复议当事人是指与行政复议案件有利害关系而参加到行政复议程序中的人，包括申请人与被申请人，在某些情况下还包括复议中的第三人。

4. 行政复议申请人是指认为行政行为侵犯其合法权益，依法以自己的名义向行政复议机关提出申请，要求对该行政行为复查并依法作出裁决的公民、法人或者其他组织。

5. 行政复议被申请人是指所作出的行政行为被行政复议的申请人指控违法侵犯其合法权益，并由行政复议机关通知参加行政复议的行政主体。

6. 行政复议中的第三人是指同申请复议的行政行为有利害关系，经复议机关批准参加复议的公民、法人或者其他组织。

7. 行政复议机关是指依照法律的规定，有权受理行政复议的申请，依法对被申请的行政行为进行合法性、适当性审查并作出决定的行政机关。

8. 行政复议机构是享有行政复议权的行政机关内部设立的一种专门负责复议案件受理、审查和裁决工作的办事机构。行政复议机构不是行政主体，它不能以自己的名义对外行使职权，上下级行政复议机关的行政复议机构之间没有领导和被领导关系，它们各自对所属的行政复议机关负责。

9. “不得加重对复议申请人制裁”制度，是指行政复议机关在申请人的行政复议请求范围内，不得作出对申请人更为不利的行政复议决定。

10. 行政复议决定是指复议机关对行政复议案件进行审理后所作的具有法律效力的评价。

重点难点内容

一、行政复议的特征

（1）行政复议是行政机关的行政行为。
（2）行政复议是以行政争议为处理对象的行为。
（3）行政复议以行政行为为审查对象，并附带审查部分抽象行政行为。
（4）行政复议是由相对人启动的。
（5）行政复议是一种行政司法行为。

二、 行政复议的基本原则

（1）合法原则。
（2）公正原则。
（3）公开原则。
（4）及时原则。
（5）便民原则。
（6）有错必纠原则。
（7）保障法律、法规正确实施的原则。
（8）诉讼终局原则。

三、 行政复议范围

《行政复议法》规定了可申请复议的行政机关作出的行为和不可申请行政复议

的事项，在确定受案范围的方式上采取了概括加列举的方法。

1. 可申请复议的行政机关作出的行为

（1）可申请复议的行政行为：①对行政机关作出的行政处罚决定不服；②对行政机关作出的行政强制措施、行政强制执行决定不服；③申请行政许可，行政机关拒绝或者在法定期限内不予答复，或者对行政机关作出的有关行政许可的其他决定不服；④对行政机关作出的确认自然资源的所有权或者使用权的决定不服；⑤对行政机关作出的征收征用决定及其补偿决定不服；⑥对行政机关作出的赔偿决定或者不予赔偿决定不服；⑦对行政机关作出的不予受理工伤认定申请的决定或者工伤认定结论不服；⑧认为行政机关侵犯其经营自主权或者农村土地承包经营权、农村土地经营权；⑨认为行政机关滥用行政权力排除或者限制竞争；⑩认为行政机关违法集资、摊派费用或者违法要求履行其他义务；⑪申请行政机关履行保护人身权利、财产权利、受教育权利等合法权益的法定职责，行政机关拒绝履行、未依法履行或者不予答复；⑫申请行政机关依法给付抚恤金、社会保险待遇或者最低生活保障等社会保障，行政机关没有依法给付；⑬认为行政机关不依法订立、不依法履行、未按照约定履行或者违法变更、解除政府特许经营协议、土地房屋征收补偿协议等行政协议；⑭认为行政机关在政府信息公开工作中侵犯其合法权益；⑮认为行政机关的其他行政行为侵犯其合法权益。

（2）可申请附带复议的抽象行政行为以及可能被审查的依据。《行政复议法》第13条规定，“公民、法人或者其他组织认为行政机关的行政行为所依据的下列规范性文件不合法，在对行政行为申请行政复议时，可以一并向行政复议机关提出对该规范性文件的附带审查申请：（一）国务院部门的规范性文件；（二）县级以上地方各级人民政府及其工作部门的规范性文件；（三）乡、镇人民政府的规范性文件；（四）法律、法规、规章授权的组织的规范性文件。前款所列规范性文件不含规章。规章的审查依照法律、行政法规办理。”《行政复议法》第56条规定：“申请人依照本法第十三条的规定提出对有关规范性文件的附带审查申请，行政复议机关有权处理的，应当在三十日内依法处理；无权处理的，应当在七日内转送有权处理的行政机关依法处理。”《行政复议法》第57条规定：“行政复议机关在对被申请人作出的行政行为进行审查时，认为其依据不合法，本机关有权处理的，应当在三十日内依法处理；无权处理的，应当在七日内转送有权处理的国家机关依法处理。”

2. 行政复议的排除事项

（1）国防、外交等国家行为。

（2）行政法规和规章。

（3）内部行政行为。

（4）居间行为。

四、 行政复议当事人

1. 申请人

（1）申请人的法律特征：①申请人必须是相对人，包括公民、法人或其他组织。②申请人必须是认为行政行为侵犯其合法权益的公民、法人或其他组织。③申请人必须是以自己的名义申请行政复议的公民、法人或其他组织。

（2）申请人的种类：①公民。②法人。③法人以外的其他组织。所谓法人以外的其他组织，是指不具备法人资格的所有组织。合伙企业、股份制企业的股东会、股东代表大会、董事会等。

（3）申请人的资格转移。行政复议申请人资格转移的情况有：①有权申请行政复议的公民死亡的，其近亲属可以申请行政复议。近亲属包括配偶、父母、子女、兄弟姐妹、祖父母、外祖父母、孙子女、外孙子女。②有权申请行政复议的公民为无民事行为能力人或者限制民事行为能力人的，其法定代理人可以代为申请行政复议。③有权申请行政复议的法人或者其他组织终止的，其权利义务承受人可以申请行政复议。

2. 被申请人

（1）被申请人的法律特征：①被申请人必须是行政主体。②被申请人必须实施了行政行为。③被申请人必须是相应行政行为受申请人指控并由行政复议机关通知参加行政复议的行政主体。

（2）被申请人的种类。根据《行政复议法》的规定，被申请人主要包括以下几种：①申请人对行政机关作出的行政行为不服，直接申请复议的，该行政机关是被申请人。②两个或两个以上行政机关以共同名义作出同一行政行为的，共同作出行政行为的行政机关是被申请人。③法律、法规授权的组织作出的行政行为引起行政复议，该组织是被申请人。④行政机关委托的组织作出的行政行为引起行政复议，委托的行政机关是被申请人。⑤行政机关与其他组织以共同名义作出行政行为的，行政机关为被申请人。⑥下级行政机关依照法律、法规、规章规定，经上级行政机关批准作出行政行为的，批准机关为被申请人。⑦行政机关设立的派出机构、内设机构或者其他组织，未经法律、法规授权，对外以自己名义作出行政行为的，该行政机关为被申请人。⑧作出行政行为决定的行政机关被撤销的，继续行使其职权的行政机关是被申请人。

3. 第三人

（1）第三人的法律特征：①第三人同申请复议的行政行为有利害关系，这种利害关系必须是直接的而非间接的，即行政行为和行政复议裁定会直接影响到第三人的权益。②第三人是以自己的名义，并且是为了维护自己的合法权益而参加复议的。③第三人是在行政复议开始后、终结前，经过行政复议机关批准参加复议的。

（2）第三人的种类。从行政复议实践来看，行政复议中的第三人通常包括以下几种：①在治安、食品卫生、药品管理等行政处罚案件中，被处罚人或被侵害人一方申请行政复议，另一方可以作为第三人申请参加复议。②在食品卫生、药品管理等行政处罚复议案件中，同申请人所受的行政行为的处理有利害关系的另一方公民、法人或者其他组织。③行政处罚案件中的共同被处罚人。在有共同被处罚人的行政处罚案件中，有一部分被处罚人提起行政复议的，另外的被处罚人可以作为第三人参加行政复议。④在行政确权案件中，被驳回请求的人申请复议，被授予权利的人或者其他被驳回请求的人，可以作为第三人申请参加复议。⑤两个或两个以上行政机关基于同一事实，针对相同的相对人作出互相矛盾的几个行政行为，相对人对其中一个行政行为不服申请复议，其他行政机关可以作为第三人申请参加行政复议。

五、 行政复议机关

1. 行政复议机关的特征

（1）行政复议机关是行政机关。法律、法规授权的组织不能成为行政复议机关。

（2）行政复议机关是拥有行政复议权的行政机关。行政机关不一定都拥有行政复议权，对乡、镇人民政府等行政机关，《行政复议法》就没有授予其行政复议权。

（3）行政复议机关是能以自己的名义行使行政复议权，并对行为后果独立承担法律责任的行政机关。因此，行政复议机关必然是行政主体。

2. 行政复议机关的种类

（1）作出被申请行政行为的行政主体。

（2）作出被申请行政行为的行政主体的上一级行政机关。

（3）作出被申请行政行为的行政主体所属的人民政府。

3. 行政复议机构

行政复议机构不是行政主体，它不能以自己的名义对外行使职权，上下级行政复议机关的行政复议机构之间没有领导和被领导关系，它们各自对所属的行政复议机关负责。

六、 行政复议申请

1. 申请复议的条件

公民、法人或者其他组织认为行政行为侵犯其合法权益，可以在法定期限内向有管辖权的行政机关申请复议。申请复议应当具备以下条件：

（1）申请人合格，即申请人必须是认为行政行为侵犯其合法权益的公民、法人或者其他组织。

（2）有明确的被申请人。

（3）有具体的复议请求和事实根据。

（4）属于申请复议范围。

（5）属于受理复议机关管辖。

（6）法律、法规规定的其他条件。

2. 行政复议的申请时效

申请时效可以分为一般时效和特殊时效两种。

（1）一般时效，公民、法人或者其他组织认为行政行为侵犯其合法权益的，可以自知道该行政行为之日起 60 日内提出行政复议申请；但是法律规定的申请期限超过 60 日的除外。

（2）特殊时效，是指其他法律、法规规定的适用于特定案件的复议申请时效。特殊时效只有在其他法律规定超过 60 日时才适用。

3. 复议申请形式

申请人申请行政复议，可以书面申请，也可以口头申请。

七、 对行政复议申请的受理

复议机关在收到复议申请后，依法应当在收到之日起 5 日内，对申请书进行审查并作出如下处理：

（1）对符合下列规定的，行政复议机关应当予以受理：①有明确的申请人和符合《行政复议法》规定的被申请人；②申请人与被申请行政复议的行政行为有利害关系；③有具体的行政复议请求和理由；④在法定申请期限内提出；⑤属于《行政复议法》规定的行政复议范围；⑥属于本机关的管辖范围；⑦行政复议机关未受理过该申请人就同一行政行为提出的行政复议申请，并且人民法院未受理过该申请人就同一行政行为提起的行政诉讼。

（2）对不符合上述规定的行政复议申请，行政复议机关应当在审查期限内决定不予受理并说明理由；不属于本机关管辖的，还应当在不予受理决定中告知申请人有管辖权的行政复议机关。

（3）行政复议申请的审查期限届满，行政复议机关未作出不予受理决定的，审查期限届满之日起视为受理。

（4）行政复议申请材料不齐全或者表述不清楚，无法判断行政复议申请是否符合《行政复议法》第30条第1款规定的，行政复议机关应当自收到申请之日起5日内书面通知申请人补正。补正通知应当一次性载明需要补正的事项。

（5）公民、法人或者其他组织依法提出行政复议申请，行政复议机关无正当理由不予受理、驳回申请或者受理后超过行政复议期限不作答复的，申请人有权向上级行政机关反映，上级行政机关应当责令其纠正；必要时，上级行政复议机关可以直接受理。

八、 行政复议与行政诉讼

1. 行政复议与行政诉讼的关系

行政复议与行政诉讼都是因行政行为而引起，都是以解决行政争议为直接目的，都是以对行政行为的合法性进行审查为核心，因而适用的很多规则是相同的。二者既有联系，也有区别。它们的区别主要体现在以下几个方面：

（1）性质不同。行政复议是由上一级行政机关对下一级行政机关所作行政行为进行的审查，整个过程都在行政系统内部进行，因而具有形式意义上的行政行为的特征。行政诉讼则是人民法院对行政机关所作行政行为实施的司法监督，属于司法行为。

（2）受理机关不同。行政复议的受理机关是行政机关，而行政诉讼的受理机关是人民法院。

（3）受案范围不同。人民法院所受理的行政案件，只是公民、法人或其他组织认为行政机关的行政行为侵害其合法权益的案件，而复议机关所受理的既有行政违法案件，也有行政不当案件。

（4）审查范围不同。行政诉讼是“不告不理”，行政复议则是“有错必纠”，这意味着行政复议的范围不局限于申请人的申请。因此，行政复议的审查范围要大于行政诉讼的审查范围。

（5）审理程序规则不同。人民法院审理行政案件完全是按照司法程序进行，而行政复议由于是行政系统内部上级对下级的监督，故二者在审理程序规则方面存在许多差别。人民法院审理行政案件实行的是两审终审，公开开庭审理制度；行政复议则基本上实行一级复议制度，以书面复议为原则。较之行政诉讼程序，行政复议程序比较灵活、简便。

2. 行政复议与行政诉讼的衔接

行政复议与行政诉讼之间的联系主要表现在程序上的衔接，行政复议与行政诉讼在程序上的衔接可以分为以下几种情况：

（1）选择关系。除非法律、法规规定必须先申请行政复议，当事人可以自由选择申请行政复议还是提起行政诉讼。但是，这个选择是排他的。行政复议已经被依法受理的，当事人在法定复议期限以内不得提起诉讼；行政诉讼已经被依法受理的，则不得再申请行政复议。

（2）必经关系。法律、法规规定应当首先向行政复议机关申请行政复议，对行政复议决定不服再向人民法院提起行政诉讼的，行政复议机关不予受理或者受理后超过行政复议期限不作答复的，公民、法人或者其他组织可以自收到不予受理决定书之日起或者行政复议期满之日起 15 日内，依法向人民法院起诉。

（3）限制性的选择关系。当事人对行政机关作出的行政行为不服，可以选择申请复议，或者向人民法院起诉。但是如果法律规定行政复议机关作出的行政复议决定终局的，当事人不得提起行政诉讼，如《行政复议法》第 26 条规定的国务院裁决。

九、 行政行为在行政复议期间的执行力

原则上，在行政复议期间行政行为不停止执行，即所谓的“复议不停止执行制度”。复议不停止执行制度是有例外的，《行政复议法》第 42 条规定，下列几种情况应当停止执行：

（1）被申请人认为需要停止执行的。

（2）行政复议机关认为需要停止执行的。

（3）申请人、第三人申请停止执行，行政复议机关认为其要求合理，决定停止执行的。

（4）法律、法规、规章规定停止执行的其他情形。例如，《治安管理处罚法》第 107 条规定：“被处罚人不服行政拘留处罚决定，申请行政复议、提起行政诉讼

的，可以向公安机关提出暂缓执行行政拘留的申请。公安机关认为暂缓执行行政拘留不致发生社会危险的，由被处罚人或者其近亲属提出符合本法第一百零八条规定条件的担保人，或者按每日行政拘留二百元的标准交纳保证金，行政拘留的处罚决定暂缓执行。”

十、 行政复议的审理

1. 审理方式

《行政复议法》第49条规定：“适用普通程序审理的行政复议案件，行政复议机构应当当面或者通过互联网、电话等方式听取当事人的意见，并将听取的意见记录在案。因当事人原因不能听取意见的，可以书面审理。”这标志着修订后的《行政复议法》将原有的以书面审理为主、其他方式为辅的审理方式修改为以根据双方的陈述和意见审理为主、书面审理为辅的审理方式。

另外，《行政复议法》第50条第1款规定，审理重大、疑难、复杂的行政复议案件，行政复议机构应当组织听证。

2. 举证责任

被申请人承担对行政行为合法性和适当性的举证责任。被申请人举证范围不只限于行政行为的事实证据，还包括行政机关作出行政行为的规范性文件。举证时间为收到复议申请书副本10日内。

3. 查阅材料

申请人、第三人及其委托代理人可以按照规定查阅、复制被申请人提出的书面答复、作出行政行为的证据、依据和其他有关材料，除涉及国家秘密、商业秘密、个人隐私或者可能危及国家安全、公共安全、社会稳定的情形外，行政复议机构应当同意，而且行政复议机关应当为申请人、第三人查阅有关材料提供必要条件。

4. 撤回申请

撤回申请是指复议申请被行政复议机关受理后，复议决定作出前，经行政复议机关同意复议申请人撤回复议申请，终止复议审理的制度。

十一、 行政复议的决定

1. 对行政规定和行政依据的处理

申请人在申请行政复议时，一并提出对有关行政规定和行政依据的审查申请的，行政复议机关对该行政规定和行政依据有权处理的，经对该行为的审查，应当在30日内依法作出处理决定；其无权处理的，应当在7日内按照法定程序转送有权处理的行政机关作出处理决定，有权处理的行政机关应当在60日内依法作出处理决定。

2. 对行政行为的复议决定

根据《行政复议法》的有关规定，行政复议机关根据不同情况应当在受理行政复议申请之日起60日内分别作出不同决定，法律另有规定的除外。

（1）维持决定。

（2）履行决定。

（3）撤销并责令重作。

（4）确认违法。

（5）变更决定。

（5）赔偿决定。

（6）驳回复议请求决定。

3. 调解结案

《行政复议法》增加了“调解”作为行政复议决定方式之一，《行政复议法》第73条规定，当事人经调解达成协议的，行政复议机关应当制作行政复议调解书，经各方当事人签字或者签章，并加盖行政复议机关印章，即具有法律效力。调解未达成协议或者调解书生效前一方反悔的，行政复议机关应当依法审查或者及时作出行政复议决定。

十二、 行政复议决定的执行

申请人、第三人逾期不起诉又不履行行政复议决定书、调解书的，或者不履行最终裁决的行政复议决定的，按照下列规定分别处理：

（1）维持行政行为的行政复议决定书，由作出行政行为的行政机关依法强制执行，或者申请人民法院强制执行。

（2）变更行政行为的行政复议决定书，由行政复议机关依法强制执行，或者申请人民法院强制执行。

（3）行政复议调解书，由行政复议机关依法强制执行，或者申请人民法院强制执行。

课后思考练习

1. 选择题

（1）对某县公安局派出所以该县公安局的名义作出的行政行为不服申请的复议，应由下列哪一机关管辖？（　　）

A. 该县公安局　　B. 该派出所

C. 该县人民政府　　D. 某市人民政府

答案：C

（2）行政复议机关应当审查行政行为的（　　）。

A. 合法性　　B. 真实性

C. 适当性　　D. 合法性和适当性

答案：D

（3）一般情况下，公民、法人或其他组织认为行政行为侵犯其合法权益的，可以自知道该行政行为之日起（　　）内提出行政复议申请。法律另有规定的除外。

A. 30 日　　B. 60 日　　C. 90 日　　D. 1 年

答案：B

（4）根据《行政复议法》的规定，下列哪些选项属于复议机构的职责？（　　）

A. 向有关组织人员调查取证，查阅文件和资料

B. 审查申请行政复议的行政行为是否合法与适当，拟定行政复议决定

C. 对行政机关违反行政复议法规定的行为，依照规定的权限和程序提出处理建议

D. 办理因不服行政复议决定提起行政诉讼的应诉事项

答案：ABCD

（5）行政复议负责法制工作的机构依法履行下列哪些职责？（　　）

A. 受理行政复议申请

B. 向有关组织和人员调查取证

C. 审查申请行政复议的行政行为是否合法与适当

D. 拟定行政复议决定

答案：ABCD

(6) 下列可以成为行政复议的被申请人的有（　　）。

A. 行政复议机关

B. 县级以上地方人民政府设立的派出机关

C. 法律、法规授权的组织

D. 接受行政机关的委托作出行政行为的组织

答案：BC

(7) 有下列哪些情形的，公民可以依法申请复议？（　　）

A. 对行政机关作出没收非法财物的行政处罚决定不服的

B. 对行政机关作出的有关许可证变更，中止决定不服的

C. 认为行政机关乱收费的

D. 申请行政机关履行保护人身权、财产权、受教育权的法定职责，行政机关没有依法履行的

答案：ABCD

(8) 下列说法，正确的有（　　）。

A. 行政复议机关履行行政复议职责，应当遵循合法、公正、公开、高效、便民、为民的原则

B. 行政复议机关办理行政复议案件，可以进行调解

C. 国防、外交等国家行为不属于行政复议范围

D. 同一行政复议案件申请人人数众多的，可以由申请人推选代表人参加行政复议

答案：ABCD

2. 名词解释

行政复议　诉讼终局原则　行政复议当事人

行政复议申请人　行政复议被申请人　行政复议中的第三人

行政复议机关　行政复议机构　“不得加重对复议申请人制裁”制度

行政复议决定

3. 简答题

(1) 简述行政复议的特征。

(2) 简述行政复议的基本原则。

(3) 简述行政复议被申请人的种类。

(4) 简述行政复议机关的特征和种类。

(5) 简述申请复议应当具备的条件。

（6）简述行政复议期间行政行为存在哪些情况可以停止执行。

（7）简述行政复议决定的种类。

4. 论述题

（1）论述行政复议的范围。

（2）论述行政复议当事人。

（3）论述行政复议与行政诉讼的关系及衔接。

5. 案例分析

案例一

案情简介：

20××年，个体户李某与某镇政府签订了对1 000亩（1亩≈666.7平方米）荒滩50年承包经营的合同，并规定李某每年上交承包费10万元。三年后，镇政府要求将李某每年上交的承包费增加到30万元，否则终止合同，李某不同意。镇政府于第四年3月20日单方撤销了该承包合同。3月28日，李某得知这一事实，并于5月22日向上级行政机关提出复议申请。5月27日，上级机关发出受理通知，并向李某收取5 000元的复议费，李某收到通知后处于等待状态。7月10日，李某尚未收到复议决定，便决定向人民法院提起诉讼。

问题：

（1）该纠纷是否属于行政复议的范围？

（2）李某申请行政复议的期限是否有效？

（3）李某于合同签订后的第四年7月10日向人民法院提起诉讼，人民法院是否受理？

（4）复议机关收取复议费是否应该？

简要分析：

（1）该纠纷属于行政复议范围。《行政复议法》规定，公民、法人或者其他组织认为行政机关的行政行为侵犯其合法权益，可以申请行政复议。

（2）李某申请行政复议的期限有效。法律规定，申请人可以自知道该行政行为之日起60日内提出复议申请。

（3）李某向人民法院提起诉讼，人民法院不予受理。因公民、法人申请行政复议，行政复议机关已经依法受理的，或者法律规定应先申请行政复议的，在法定复议期限内不得向人民法院提起诉讼，否则，人民法院不予受理。本案中，李某的行政复议申请已受理，且在60日的复议期内。

（4）复议机关收取复议费错误。法律规定，行政复议机关受理行政复议申请的，不得向申请人收取任何费用，所需经费，应列入本机关的行政费，由本级财政予以保障。

案例二

案情简介：

20××年1月1日，C县的某条河水污染严重，经相关部门调查，是由此地的甲公司随便排放工业废水所致，就此A省B市下辖C县生态环境保护部门于4月30日作出了对甲公司罚款50 000元的决定，并责令其停产，安装污水处理装置。甲公司于5月1日得知后不服，向县人民政府申请行政复议。县人民政府经过审查，在罚款中作出对“甲公司罚款30 000元”的行政复议决定。

问题：

（1）甲公司应当在什么时间之前提出行政复议申请？简要说明理由。

（2）如果甲公司对县人民政府的行政复议决定不服，还可以通过什么途径保护公司的权益？

简要分析：

（1）甲公司应当在当年7月1日前提出行政复议申请。根据《行政复议法》的规定，当事人认为行政行为侵犯其合法权益的，可以自知道该行政行为之日起60日内提出行政复议申请。

（2）甲公司还可以向县人民法院提起行政诉讼。

案例三

案情简介：

李某于20××年10月17日被所在县的税务局罚款600元。王某作为李某的好朋友，认为税务局的罚款过重，于同年11月24日以自己的名义，向该县政府邮寄了行政复议书。由于邮局的原因，该县政府在次年1月24日才收到行政复议申请书，该县政府于2月4日以超过复议申请期限为由作出不予受理的决定，并电话通知了王某。

问题：

（1）王某能否作为申请人申请行政复议？为什么？

（2）本案申请人是否超过法定申请期限？为什么？

（3）县政府对王某的行政复议申请，作出不予受理的决定是否符合行政复议的规定？如果不符合，县政府应在几日内作出是否受理的决定？

（4）政府电话通知王某不予受理的做法是否符合《行政复议法》的规定？如果不符合，应当采用什么方式？

简要分析：

(1) 不能。因为根据《行政复议法》的规定，认为行政行为侵犯其合法权益的公民才能作为申请人申请行政复议，本案中的王某与税务局的行政行为没有利害关系，所以王某不能申请行政复议。

(2) 没有。因为以邮寄方式申请行政复议的，以邮寄邮戳日期为准，邮寄在途期间不计算期限，本案申请人没有超过法定申请期限。

(3) 县政府作出不予受理的决定不符合《行政复议法》的规定，县政府应当在5日内作出是否受理的决定。

(4) 县政府电话通知不予受理的做法不符合《行政复议法》的规定，县政府应当采用书面方式告知申请人。

第十一章 行政诉讼

学前思考练习

法律速查

1. 结合实际案例，探讨什么是行政诉讼？
2. 行政诉讼应予受理的案件有哪些？

具体学习目标

1. 掌握行政诉讼的基础知识。
2. 理解行政诉讼的基本原则、基本制度。
3. 了解行政诉讼与民事诉讼的关系；了解行政诉讼法与行政法的关系。

具体考核要求

识记：（1）行政诉讼；（2）行政诉讼法；（3）行政诉讼的基本原则；（4）行政诉讼的受案范围；（5）行政诉讼管辖；（6）级别管辖；（7）地域管辖；（8）法

定管辖；（9）裁定管辖；（10）共同管辖；（11）管辖权的转移；（12）行政诉讼参加人；（13）行政诉讼的当事人；（14）行政诉讼的原告；（15）行政诉讼的被告；（16）行政诉讼的第三人；（17）共同诉讼人；（18）诉讼代理人；（19）第一审程序；（20）第二审程序；（21）上诉；（22）审判监督程序；（23）行政诉讼证据；（24）举证责任；（25）行政诉讼的法律适用；（26）撤诉；（27）延期审理；（28）诉讼中止；（29）诉讼终结；（30）行政诉讼的判决；（31）行政诉讼的裁定；（32）行政诉讼的决定；（33）行政诉讼的执行。

领会：（1）行政诉讼的特征；（2）行政诉讼与民事诉讼的区别；（3）行政诉讼法的基本原则；（4）受案范围的确定方式；（5）应予受理的案件；（6）不予受理的案件；（7）行政诉讼管辖的种类；（8）行政诉讼原告资格；（9）行政诉讼被告资格；（10）行政诉讼第三人的确认；（11）第三人参加诉讼的程序；（12）共同诉讼人的分类；（13）诉讼代理人的种类；（14）行政诉讼的第一审程序；（15）行政诉讼的简易程序；（16）上诉的条件；（17）上诉案件的审理；（18）审判监督程序的提起；（19）行政诉讼证据的种类；（20）行政诉讼举证责任；（21）行政诉讼法律适用的规则；（22）行政诉讼的特殊制度；（23）行政诉讼判决的类型；（24）行政诉讼裁定的特点和适用范围；（25）行政诉讼决定的适用范围；（26）行政诉讼执行的特点和类型；（27）非诉行政案件的执行。

应用：运用行政诉讼理论和行政诉讼法的规定分析案例。

本章名词术语

1. 在我国，行政诉讼是指公民、法人或者其他组织认为行政机关和法律、法规授权的组织作出的行政行为侵犯其合法权益，依法定程序向人民法院起诉，人民法院在当事人及其他诉讼参与人的参加下，对行政行为的合法性进行审查并作出裁决的制度。

2. 行政诉讼法是指有关调整人民法院和当事人及其他诉讼参与人在审理行政案件过程中所进行的各种诉讼活动以及所形成的各种诉讼关系的法律规范的总和。

3. 当事人选择复议原则是指对属于人民法院受案范围的行政案件，在法律、法规没有明确规定必须经过复议的情况下，当事人对行政行为不服时，既可以先向上一级行政机关或者法规规定的特定机关申请复议，对复议决定不服，再向人民法院起诉，也可以不经复议直接向人民法院起诉。

4. 司法变更权是指人民法院对被诉行政行为进行审理后，认为该行政行为违法而改变该行政行为的权力。

5. 行政诉讼的受案范围，又称人民法院的主管范围，是指人民法院受理并审理行政争议的范围。

6. 行政诉讼管辖是指上下级人民法院之间和同级人民法院之间受理第一审行政案件的分工和权限。

7. 级别管辖是指上下级人民法院受理第一审行政案件的分工和权限。

8. 地域管辖是指同级人民法院之间受理第一审行政案件的分工和权限。

9. 一般地域管辖又称“普通地域管辖”，是指按照最初作出行政行为的行政机关所在地确定的管辖。

10. 裁定管辖是指人民法院在某些特殊情况下，以裁定的方式确定行政案件的管辖法院。

11. 指定管辖是指上级人民法院以裁定的方式指定某一下级人民法院管辖某一行政案件。

12. 管辖权的转移是指行政案件的管辖权由下级人民法院向上级人民法院的移动。

13. 行政诉讼参加人是指参加行政诉讼的当事人和诉讼代理人。当事人包括原告、被告、共同诉讼人、第三人。

14. 行政诉讼的当事人是指因行政行为发生纠纷，案件审理结果与自己有法律上的利害关系，以自己的名义进行诉讼，并受人民法院裁判约束的人。

15. 行政诉讼的原告是指对行政行为不服，依照《行政诉讼法》的规定向人民法院起诉的利害关系人。

16. 原告资格的转移是指有权起诉的公民、法人或者其他组织在失去诉讼权利能力的情况下，其原告资格转移给他人的法律制度。

17. 行政诉讼的被告，是指因原告认为其作出的行政行为违法并侵犯了原告的合法权益而向人民法院起诉，人民法院受理后通知其参加应诉，并受人民法院终局裁判拘束的行政机关或法律、法规授权的组织。

18. 行政诉讼的第三人是同提起行政诉讼的行政行为有利害关系，因而可能受到行政诉讼审理结果的影响，依本人申请并经批准或者由人民法院通知参加诉讼的相对人。

19. 必要的共同诉讼是指当事人一方或者双方为两个以上主体，因同一行政行为发生的行政案件，人民法院必须合并审理的诉讼。

20. 诉讼代理人是指以当事人的名义，在代理权限范围内代替或协助当事人进行诉讼活动的人。

21. 行政诉讼的起诉是指公民、法人或者其他组织认为自己的合法权益受到行政机关行政行为的侵害，而向人民法院提出诉讼请求，要求人民法院通过行使审判权，依法保护自己合法权益的诉讼行为。

22. 行政诉讼案件的受理是指原告起诉后，经受诉人民法院审查，认为符合起诉条件，决定立案审理的行为。

23. 所谓简易程序，是指特定的人民法院在审理简单的行政案件时所适用的一种简便易行的诉讼程序。

24. 第二审程序是指上一级人民法院依照法律规定，根据当事人在法定期限内提起的上诉，对下一级人民法院作出的尚未生效的行政判决或者裁定进行重新审理的程序。

25. 上诉是指当事人不服第一审人民法院所作出的未生效的行政裁判，在法定期限内声明不服，提出上诉状请求上一级人民法院对行政案件进行第二次审理并撤销或者改变第一审裁判的行为。

26. 审判监督程序是指人民法院发现已经发生法律效力的判决、裁定违反法律、法规规定，依法对案件再次进行审理的程序。

27. 行政诉讼证据是指在行政诉讼中用以证明案件事实情况的一切材料和事实。

28. 勘验笔录是指行政机关工作人员或者人民法院审判人员对与行政案件有关的现场或者物品进行勘察、检验、测量、绘图、拍照等所作的记录。

29. 现场笔录是指行政机关工作人员在行政管理过程中对与行政案件有关的现场情况及其处理所作的书面记录，如行政机关工作人员在作出行政处罚决定过程中对违法当事人的违法行为的事实、情节、程度以及当场作出处罚的情况所作的记录。

30. 撤诉即原告在人民法院宣告判决或者裁定前，按照法律规定的程序，放弃其起诉权的诉讼行为。

31. 行政诉讼的判决是指人民法院根据事实，依据法律、法规，参照规章，对行政行为的合法性作出的实体裁判。

32. 行政诉讼的裁定是指在行政诉讼过程中，人民法院针对行政诉讼程序问题作出的裁决。裁定与判决具有同等的法律效力。

33. 行政诉讼的决定是人民法院在诉讼期间，对诉讼中遇到的特殊事项作出的裁决。决定是对人民法院各种命令的总称。

重点难点内容

一、行政诉讼的特征

我国的行政诉讼具有如下特征：

（1）行政案件由人民法院受理和审理。

（2）人民法院审理的行政案件只限于就行政机关作出的行政行为的合法性发生的争议。

（3）行政复议不是行政诉讼的前置阶段或者必经程序。

（4）行政案件的审理方式原则上为开庭审理。

二、 行政诉讼案件的构成要件

在我国，行政诉讼案件由以下五个要件构成：

（1）原告是认为行政机关及法律、法规授权的组织作出的行政行为侵犯其合法权益的公民、法人或者其他组织。

（2）被告是作出被原告认为侵犯其合法权益的行政行为的行政机关及法律、法规授权的组织。

（3）原告提起行政诉讼必须是法律、法规规定属于人民法院受案范围及属于受诉人民法院管辖的行政争议。

（4）原告必须是在法定期限内起诉。

（5）法律、法规规定起诉前必须经过行政复议的，已进行了行政复议；自行选择行政复议的，复议机关已作出复议决定或者逾期未作出复议决定。

三、 行政诉讼法的立法目的

行政诉讼法具有以下三个方面的立法目的：

（1）保证人民法院公正、及时地审理行政案件。

（2）保障公民、法人或者其他组织的合法权益。

（3）监督行政机关依法行使行政职权。

四、行政诉讼的基本原则

1. 共有原则

（1）人民法院依法独立行使审判权原则。

（2）以事实为根据、以法律为准绳原则。

（3）当事人地位平等原则。

（4）民族语言文字原则。

（5）当事人有权辩论原则。

（6）合议、回避、公开审判和两审终审制。

（7）人民检察院实行法律监督原则。

2. 特有原则

同时，行政诉讼具有与民事诉讼、刑事诉讼制度不同的原则，主要包括以下几条：

（1）当事人选择复议原则。

（2）审查行政行为合法性原则。

（3）行政行为不因诉讼而停止执行原则。

（4）不适用调解原则。

（5）司法变更权有限原则。

五、行政诉讼的受案范围

1. 应予受理的案件

为了明确行政诉讼的受案范围，《行政诉讼法》具体列举了人民法院可以受理的案件。

（1）对行政拘留、暂扣或者吊销许可证和执照、责令停产停业、没收违法所得、没收非法财物、罚款、警告等行政处罚不服的。

（2）对限制人身自由或者对财产的查封、扣押、冻结等行政强制措施和行政强制执行不服的。

（3）申请行政许可，行政机关拒绝或者在法定期限内不予答复，或者对行政机关作出的有关行政许可的其他决定不服的。

（4）对行政机关作出的关于确认土地、矿藏、水流、森林、山岭、草原、荒地、滩涂、海域等自然资源的所有权或者使用权的决定不服的。

(5) 对征收、征用决定及其补偿决定不服的。

(6) 申请行政机关履行保护人身权、财产权等合法权益的法定职责，行政机关拒绝履行或者不予答复的。

(7) 认为行政机关侵犯其经营自主权或者农村土地承包经营权、农村土地经营权的。

(8) 认为行政机关滥用行政权排除或者限制竞争的。

(9) 认为行政机关违法集资、摊派费用或者违法要求履行其他义务的。

(10) 认为行政机关没有依法支付抚恤金、最低生活保障待遇或者社会保险待遇的。

(11) 认为行政机关不依法履行、未按照约定履行或者违法变更、解除政府特许经营协议、土地房屋征收补偿协议等协议的。

(12) 认为行政机关侵犯其他人身权、财产权等合法权益的。

行政机关的行政行为有许多种类，如行政裁决行为、行政确认行为、行政检查行为等。因这些行政行为而引发的争议，满足受案范围的确定标准并且又不为《行政诉讼法》所明确排除的，均属于行政诉讼的受案范围。

2. 不予受理的案件

(1) 国家行为。

(2) 抽象行政行为。

(3) 行政机关对其工作人员的奖惩、任免等决定。

(4) 法律规定由行政机关最终裁决的行政行为。

六、 行政诉讼管辖

1. 确定管辖的原则

《行政诉讼法》所确定的行政诉讼管辖，体现了以下原则：

(1) 人民法院内部的合理分工。

(2) 便于人民法院及时、合法地办理案件。

(3) 有利于人民法院公正审理行政案件。

(4) 根据不同情况，便于原告或者被告参加诉讼。

(5) 原则性与灵活性相结合。

2. 行政诉讼管辖的种类

行政诉讼管辖分为级别管辖、地域管辖和裁定管辖三类，其中级别管辖和地域管辖是由法律明确规定的，又合称为“法定管辖”。

（1）级别管辖。①基层人民法院管辖的案件。基层人民法院管辖除上级人民法院管辖的第一审行政案件以外的其他第一审行政案件。②中级人民法院管辖的案件。中级人民法院管辖下列第一审行政案件。第一，对国务院部门或者县级以上地方人民政府所作的行政行为提起诉讼的案件。第二，海关处理的案件。第三，本辖区内重大、复杂的案件。主要包括：社会影响重大的共同诉讼案件；涉外或者涉及我国香港特别行政区、澳门特别行政区、台湾地区的案件；其他重大、复杂案件。第四，其他法律规定由中级人民法院管辖的案件。③高级人民法院管辖的案件。高级人民法院管辖本辖区内重大、复杂的第一审行政案件。④最高人民法院管辖的案件。最高人民法院管辖全国范围内重大、复杂的第一审行政案件。

（2）地域管辖。①一般地域管辖。一般地域管辖又称“普通地域管辖”，是指按照最初作出行政行为的行政机关所在地确定的管辖。②特殊地域管辖。第一，共同管辖，即两个或者两个以上的人民法院对同一行政案件都有管辖权。共同管辖有两种情况：一种是行政案件由最初作出行政行为的行政机关所在地人民法院管辖。经复议的案件，也可以由复议机关所在地人民法院管辖。经最高人民法院批准，高级人民法院可以根据审判工作的实际情况，确定若干人民法院跨行政区域管辖行政案件。另一种是对限制人身自由的行政强制措施不服提起的行政诉讼，由被告所在地或者原告所在地人民法院管辖。所谓“原告所在地”，包括原告的户籍所在地、经常居住地和被限制人身自由所在地。第二，专属管辖，即因不动产提起的行政诉讼，由不动产所在地人民法院管辖。

（3）裁定管辖。裁定管辖是指人民法院在某些特殊情况下，以裁定的方式确定行政案件的管辖法院。裁定管辖是法定管辖的补充。

裁定管辖包括移送管辖、指定管辖和管辖权的转移。移送管辖是指人民法院受理行政案件后，经审查认为本法院对该行政案件没有管辖权，依法将案件移送给有管辖权的人民法院审理。指定管辖是指上级人民法院以裁定的方式指定某一下级人民法院管辖某一行政案件。管辖权的转移，是指行政案件的管辖权由下级人民法院向上级人民法院的移动。

七、 行政诉讼参加人

1. 行政诉讼的当事人特征

（1）行政上的权利义务发生纠纷。这是当事人最基本的特征。

（2）与案件审理结果有法律上的利害关系。虽以自己的名义参加诉讼，但与被诉行政行为没有利害关系的人，如证人、鉴定人、翻译人员等不是行政诉讼的当事人。

（3）以自己的名义进行诉讼。这是当事人区别于诉讼代理人的一个重要特征。

（4）受人民法院裁判的约束。

2. 诉讼代表人

诉讼代表人的情形有：

（1）合伙企业的诉讼代表人。合伙企业提起行政诉讼的，应当以核准登记的字号为原告，由执行合伙事务的合伙人作为诉讼代表人。

（2）其他组织的主要负责人作为代表人。不具备法人资格的其他组织提起诉讼的，由该组织的主要负责人作为诉讼代表人；如果没有主要负责的人，可以由推选的负责人作为诉讼代表人。

（3）关于集团诉讼的诉讼代表人。一方原告为 5 人以上的，应推选 1 ~ 5 名诉讼代表人参加诉讼；如果在人民法院指定的期限内没有选定诉讼代表人，则由人民法院依职权指定诉讼代表人。

3. 行政诉讼的原告

（1）必须是行政管理相对一方的相对人。

（2）必须有法律上的利害关系，即承担行政行为法律后果或受其影响。

4. 行政诉讼的被告

（1）必须是具有诉讼权利能力的行政机关和有关组织。

（2）必须在具体行政法律关系中行使行政职权并作出行政行为。

（3）必须为原告所指控并经人民法院通知应诉。

5. 行政诉讼的第三人

第三人具有如下特点：

（1）第三人是原、被告之外的相对人。第三人既不是提起诉讼的人，也不是被诉的一方。

（2）第三人参加诉讼的时间特定。第三人参加行政诉讼的时间是在原告起诉后，一审庭审结束之前。此前、此后均不存在第三人参加诉讼的问题。

（3）第三人在主体方面具有多样性。

（4）第三人是同提起诉讼的行政行为有利害关系的人。有利害关系是指与被诉行政行为有法律上的权利义务关系，包括直接的和间接的利害关系。

第三人参加诉讼的程序和方式有两种：主动提出申请；人民法院通知。

6. 共同诉讼人

根据共同诉讼成立的条件，可以将共同诉讼分为必要的共同诉讼和普通的共同诉讼。相应地，共同诉讼人也分为必要的共同诉讼人和普通的共同诉讼人。

7. 诉讼代理人

诉讼代理人的特征可以概括为：

（1）他们是以被代理人的名义而不是以自己的名义从事行政诉讼活动的人，参与诉讼的目的也是维护被代理人而不是自己的合法权益。

（2）诉讼代理人必须在代理权限范围内活动，由此产生的后果由被代理人承担。超越代理权限所为的行为是无效的，后果由诉讼代理人自己承担。

诉讼代理人的种类：①法定代理人；②指定代理人；③委托代理人。

八、 行政诉讼程序

1. 起诉与受理

（1）起诉的条件：①原告必须是认为行政行为侵犯其合法权益的公民、法人或者其他组织。②有明确的被告。③有具体的诉讼请求和事实根据。④属于人民法院的受案范围和受诉人民法院管辖。⑤符合诉讼时效的规定。

（2）受理：人民法院在接到原告的起诉状后，应当组成合议庭对原告起诉的内容和形式进行审查，并根据审查的结果作出受理或者不予受理的裁定。

2. 行政诉讼的第一审程序

（1）审理前的准备。审理前的准备是合议庭开庭审理行政案件之前必须经过的诉讼阶段。人民法院审理前的准备工作包括以下各项：①应向被告发送起诉状副本和应诉通知书，将答辩状副本发送原告。②审查决定是否需要并案审理或者分案审理。③初步审查诉讼文书和证据材料。④决定是否裁定停止行政行为的执行。⑤准备并研究审理本案所需要依据的法律文件。

（2）庭审程序。①开庭前准备阶段。开庭前的准备事项主要有：第一，召开合议庭准备会议。第二，传唤、通知当事人和其他诉讼参与人。第三，公告。公开审理的案件，应当在开庭3日前，向社会公告，内容包括：当事人的姓名、单位，案由，开庭日期、时间、地点。②出庭情况审查阶段。第一，查明当事人和其他诉讼参与人是否到庭。第二，由书记员宣布法庭纪律。第三，书记员宣布：请诉讼参加人和其他诉讼参与人入席；请审判长、审判员（陪审员）入席。报告审判长：诉讼当事人、诉讼代理人和其他诉讼参与人应到庭的都已到庭。法庭准备工作就绪，请审判长正式宣布开庭。第四，审判长宣布开庭。第五，宣布案由，告知当事人的诉讼权利和义务。③行政机关负责人出庭应诉。《行政诉讼法》规定的行政机关负责人，包括行政机关的正职、副职负责人以及其他参与分管的负责人。行政机关负责人出庭应诉的，可以另行委托1~2名诉讼代理人。（这部分本是出庭情况审查阶段的内容，因为行政机关负责人出庭应诉很重要，所以单列出来。）④法庭调查阶段。法庭调查的内容是：第一，原告宣读起诉状，被告宣读答辩状。第二，当事人陈述和询问当事人。第三，询问证人，审查证人证言材料。第四，询问鉴定人、勘验人，审查鉴定结论、勘验笔录。第五，审查书证、物证及视听资料。⑤法庭辩论阶段。法庭辩论的顺序是：先由原告及其诉讼代理人发言，再由被告及其诉讼代理人答辩，然后双方辩论。第三人参加诉讼的，应在原、被告发言后再发言。⑥合议庭评议阶段。在评议时，合议庭成员可以平等地表明自己对案件的处理意见。合议庭成员意见不一致时，适用少数服从多数的原则，按多数意见作出裁决。评议过程制成评议笔录，评议中的不同意见必须如实记入笔录，由合议庭全体成员签名。⑦公开宣判阶段。行政案件无论是否公开审理，都应当公开宣判。能够当庭宣判的，由审判长在休庭结束、恢复开庭后当庭宣判，并在一定期限内向当事人发送判决书。不能当庭宣判需要报审判委员会讨论决定的案件，应当定期宣判。⑧闭庭。由审判长宣布闭庭。

3. 行政诉讼的简易程序

人民法院审理第一审行政案件，有下列情形的，适用简易程序：

（1）被诉行政行为是依法当场作出的。

（2）案件涉及款额2 000元以下的。

（3）属于政府信息公开案件的。

除上述第一审行政案件的情形外，当事人各方同意适用简易程序的，可以适用简易程序。

适用简易程序审理的行政案件，由审判员一人独任审理，并应当在立案之日起45日内审结。

4. 行政诉讼的第二审程序

第二审程序是根据当事人的上诉而发生的，故又称“上诉审程序”；我国实行两审终审制，故第二审程序又称“终审程序”。第二审程序并不是每个行政案件的必经程序。第一审人民法院作出判决、裁定后，当事人在法定上诉期内不上诉，或者被第一审人民法院的上一级人民法院驳回上诉，都不会引起第二审程序。

当事人提起上诉，必须依法具备以下条件：

（1）上诉人和被上诉人必须适格。

（2）存在法律允许提起上诉的对象，即未生效的第一审行政判决。

（3）上诉必须在法定期限内提起。

（4）上诉必须递交上诉状。

（5）在递交上诉状的同时缴纳诉讼费用。

第二审案件的特点：

（1）在审判组织形式上，第二审人民法院审理上诉案件一律由审判员组成合议庭，合议庭成员必须是3人以上的单数。

（2）第二审人民法院审理上诉案件，有开庭审理和书面审理两种方式。

（3）第二审人民法院对上诉案件的审理，必须全面审查第一审人民法院认定的事实是否清楚，适用的法律、法规是否正确，有无违反法定程序等，不受上诉范围的限制。同时，应当对原审人民法院的裁判和被诉行政行为是否合法进行全面审查。

（4）在第二审人民法院审理过程中，被告不得改变被诉行政行为。

（5）第二审人民法院审理上诉案件，可以在本人民法院进行，也可以到案件发生地或者原审人民法院所在地进行。

5. 行政诉讼审判监督程序

审判监督程序包括再审程序和提审程序两种程序。

（1）再审程序，是指人民法院为了纠正已经发生法律效力的判决、裁定的错误，依照审判监督程序对案件再次进行审判的活动。再审分为两种：一是自行再审，即人民法院自行按照审判监督程序对本院裁判已经生效的行政案件进行审理；二是指令再审，即上级人民法院按照审判监督程序，指令原审人民法院对裁判已经生效的行政案件的审理。

（2）提审程序，是指上级人民法院按照审判监督程序对下级人民法院裁判已经生效的行政案件进行审理的活动。

九、 行政诉讼证据

1. 行政诉讼证据的种类

根据不同标准可以将证据分为直接证据和间接证据、原始证据和传来证据、主要证据和次要证据、言词证据和实物证据、本证和反证等。《行政诉讼法》根据证据的来源和表现形式将证据分为以下八类：

（1）书证。书证，即以文字、符号、图案等所记载的内容表达与案件事实有关的人的思维或者行为的书面材料，如行政机关的文件、文书、函件、处理决定，当事人的营业执照、许可证、资格证、资质证，等等。行政机关作出行政行为所依据的规范性文件，即行政机关在诉讼中必须提交的书证。

（2）物证。物证，即以物品、痕迹等客观物质实体的外形、性状、质地、规格等来证明案件事实的证据，如肇事交通工具、现场留下的物品和痕迹等。

（3）视听资料。视听资料，即以录音、录像、扫描等技术手段，将声音、图像及数据等转化为各种记录载体上的物理信号，证明案件事实的证据，如录音带、录像带、影视胶片、雷达扫描资料、电子计算机装置储存的数据资料信息等。

（4）电子数据。电子数据是指基于计算机应用、通信和现代管理技术等电子化技术手段形成包括文字、图形符号、数字、字母等的客观资料。

（5）证人证言。证人证言，即直接或者间接了解案件情况的证人向人民法院所作的用以证明案件事实的陈述。证人举证是证人的法定义务，一般情况下，证人应当出庭陈述证言，但如确有困难不能出庭，经人民法院许可，可以提交书面证言。限制行为能力人作证应与其心理健康程度、心智成熟程度相适应。证人必须如实作证，如果隐瞒、扩大或者捏造事实作证，要负法律责任。同时，证人的权利受到法律保护。

（6）当事人陈述。当事人陈述，即本案当事人在诉讼中就案件事实向人民法院所作的陈述和承认。当事人对双方所争议的行政行为的合法性问题涉及的有关方面情况最为了解，其所作的陈述最能证明案件的事实；同时，当事人又与案件存在直接的利害关系，易于隐瞒不利于自己的事实，夸大、捏造对自己有利的事实。

（7）鉴定意见。鉴定意见，即具有专业技术特长的鉴定人利用专门的仪器、设备，就与案件有关的专门问题所作的技术性结论。根据鉴定对象的不同，可分为医学鉴定、文书鉴定、技术鉴定、会计鉴定、化学鉴定、物理鉴定等。鉴定意见必须符合法定形式要求，鉴定部门和鉴定人应当提出书面鉴定结论，在鉴定书上签名或者盖章。

人民法院在当事人对鉴定意见提出异议并确有理由时，可以指定鉴定部门重新进行鉴定或者直接采用另一方当事人提供的能够证明案件事实的鉴定意见。

（8）勘验笔录、现场笔录。勘验笔录是指行政机关工作人员或者人民法院审判人员对与行政案件有关的现场或者物品进行勘察、检验、测量、绘图、拍照等所作的记录。勘验与案件有关的现场或者物品，有关工作人员应当出示工作证件，并邀请当地基层组织或者当事人所在单位派人参加。当事人或者当事人的近亲属应当到场而拒不到场的，不影响勘验的进行。勘验笔录应由勘验人、当事人和被邀请参加人签名或者盖章。

现场笔录是指行政机关工作人员在行政管理过程中对与行政案件有关的现场情况及其处理所作的书面记录，如行政机关工作人员在作出行政处罚决定过程中对违法当事人的违法行为的事实、情节、程度以及当场作出处罚的情况所作的记录。由于这种笔录是行政机关工作人员单方进行的，为了保证其具有证据力，要求行政机关工作人员在作出笔录时应严格按照法定程序进行，并至少有两名工作人员同时在场，有当事人或者现场见证人签名。

行政机关及其工作人员制作的现场笔录和勘验笔录，必须在法庭上经当事人质证，才能作为认定案件事实的证据。

2. 举证责任

《行政诉讼法》第一次出现了“举证责任”这一概念，并规定了被告对行政行为的合法性负举证责任的基本原则。

十、 行政诉讼的法律适用

根据《行政诉讼法》的规定，人民法院在行政诉讼中适用法律要遵循以下规则：

（1）法律、法规是行政审判的依据。

（2）规章的参照适用。

（3）其他规范性文件在行政诉讼中的地位。《行政诉讼法》对规章以下的其他规范性文件在行政诉讼中的地位没有作出明确规定，因此，一般而言，其他规范性文件不属于法的范围，对人民法院没有拘束力。但是，在司法实务中，这些规范性文件也是行政机关进行行政管理的重要手段，许多行政行为是依照它们作出的，尤其是对于那些无权制定规章的行政机关来说更是这样。要审理这些行政行为的合法性，就需要以其他规范性文件为根据。所以，人民法院在行政审判中可以对其他规范性文件适当参考。

（4）人民法院对司法解释的援引。人民法院在审理行政案件时，适用最高人民法院司法解释的，应当在裁判文书中援引。

十一、 行政诉讼的特殊制度

1. 撤诉

撤诉即原告在人民法院宣告判决或者裁定前，按照法律规定的程序，放弃其起诉权的诉讼行为。撤诉经人民法院批准将导致诉讼终结。撤诉分为以下两类情况：申请撤诉和视为申请撤诉或推定申请撤诉。

2. 缺席判决

缺席判决即合议庭开庭审理时，在当事人缺席的情况下，经过审理作出的判决。缺席判决在行政诉讼中适用于以下三种情况：

（1）经人民法院传票传唤，被告无正当理由拒不到庭的。

（2）被告虽然到庭参加诉讼，但未经法庭许可中途退庭的。

（3）原告申请撤诉，人民法院裁定不予准许，原告经传票传唤，无正当理由拒不到庭或者未经法庭许可而中途退庭的。第三人经传票传唤，无正当理由拒不到庭或者未经法庭许可中途退庭的，不影响案件的审理。

3. 财产保全与先予执行

人民法院对于由于一方当事人的行为或者其他原因，可能使行政行为或者人民法院生效裁判不能或者难以执行的案件，可以根据对方当事人的申请作出财产保全的裁定；当事人没有提出申请的，人民法院在必要时也可以依法采取财产保全措施。

4. 审理程序的延阻

审理程序的延阻是指由于某些特定的原因，使诉讼过程中断或者不能按正常程序进行审理和裁判。在行政诉讼中，审理程序的延阻的情形主要有以下几种：

（1）延期审理。

（2）延长审限。

（3）诉讼中止。

（4）诉讼终结。

十二、行政案件的裁判

1. 行政诉讼的判决

行政诉讼的判决是指人民法院根据事实，依据法律、法规，参照规章，对行政行为的合法性作出的实体裁判。行政诉讼的判决按照审级标准可以分为一审判决、二审判决和再审判决。

（1）一审判决。第一审人民法院经过审理，根据不同情况可以作出六种类型的判决，即驳回诉讼请求判决、撤销判决、限期履行判决、变更判决、确认违法判决和确认无效判决。

（2）二审判决。第二审人民法院审理上诉行政案件后，根据不同情况，可以作出维持判决和依法改判两种类型的判决。

（3）再审判决。再审裁判是人民法院按照审判监督程序所作出的裁判。再审裁判既可以采用判决形式，也可以采用裁定的形式。

2. 行政诉讼的裁定

裁定与判决具有同等的法律效力。裁定具有以下特点：

（1）解决行政诉讼中出现的程序问题（补正判决书错误的裁定除外）。

（2）适用范围广，并且不以必须开庭审理为要件。

（3）不要求都以书面形式出现。

（4）当事人只对部分裁定享有上诉权。

裁定适用于下列范围：

（1）不予立案。

（2）驳回起诉。

（3）管辖异议。

（4）终结诉讼。

（5）中止诉讼。

（6）移送或者指定管辖。

（7）诉讼期间停止行政行为的执行或者驳回停止执行的申请。

（8）财产保全。

（9）先予执行。

（10）准许或者不准许撤诉。

（11）补正裁判文书中的笔误。

（12）中止或者终结执行。

（13）提审、指令再审或者发回重审。

（14）准许或者不准许执行行政机关的行政行为。

（15）其他需要裁定的事项。

对于（1）（2）（3）的裁定，当事人不服时，有权在接到裁定书之日起10日内向上一级人民法院提起上诉。不准上诉的裁定，一经送达即发生法律效力。

3. 行政诉讼的决定

行政诉讼的决定是对人民法院各种命令的总称。决定在行政诉讼中主要调整人民法院自身与诉讼参与人或者其他人之间的关系，或者处理与案件程序有关而与当事人无直接关系的事项。决定与裁定一样，既可以采用书面形式，也可以采用口头形式。口头决定应记入笔录。决定一经送达即发生法律效力。当事人对人民法院的决定一律不准上诉。

十三、 行政诉讼的执行与非诉行政案件的执行

1. 行政诉讼的执行

行政诉讼的执行既具有司法执行的一般特征，又具有自己的一些特点：

（1）执行的任务是实现生效法律文书所确定的行政法律关系。

（2）申请人或者被申请人一方为行政机关或者法律、法规授权的组织。

（3）对原告和被告采取不同的执行措施。

行政诉讼的执行分为以下三种类型：

（1）公民、法人或者其他组织一方拒绝履行人民法院的生效裁判，行政机关向人民法院申请强制执行。

（2）行政机关拒绝履行人民法院的生效裁判，公民、法人或者其他组织申请人民法院强制执行。

（3）公民、法人或者其他组织拒不履行行政行为，又不在规定的期限内起诉的，作出该行政行为的行政机关依法向人民法院申请强制执行。

人民法院对起诉行政机关没有依法支付抚恤金、最低生活保障金和工伤、医疗社会保险金的案件，权利义务关系明确、不先予执行将严重影响原告生活的，可以根据原告的申请，裁定先予执行。当事人对先予执行裁定不服的，可以申请复议一次。复议期间不停止裁定的执行。

2. 非诉行政案件的执行

非诉行政案件的执行具有自身的特点，主要为：

（1）非诉行政案件的执行机关不是行政机关，而是人民法院。

（2）非诉行政案件执行的根据是行政机关作出的行政处理决定，执行标的是行政机关所作出的行政行为。

（3）非诉行政案件的执行申请人是行政机关，被执行人只能是公民、法人或者其他组织。但在特定情况下，非诉行政案件的执行申请人也可能是生效行为确定的权利人或其继承人。

（4）非诉行政案件的执行前提是公民、法人或者其他组织在法定期限内，既不提起行政诉讼，也不履行行政行为所确定的义务。

课后思考练习

1. 选择题

（1）下列行为中，不能被提起行政诉讼的是（　　）。

A. 罚款　　B. 国防行为　　C. 没收财物　　D. 强行摊派

答案：B

（2）同级人民法院之间在各自辖区内受理第一审案件的分工和权限是（　　）管辖。

A. 级别　　B. 地域　　C. 指定　　D. 移送

答案：B

（3）行政诉讼中，人民法院审理行政案件，可以参照（　　）。

A. 法律　　B. 行政法规　　C. 地方性法规　　D. 规章

答案：D

（4）行政诉讼中，对下列行政行为不服提起诉讼，人民法院不予受理的是（　　）。

A. 某个体户对被罚款、吊销营业执照不服

B. 某企业认为某行政机关侵犯其合法的经营自主权

C. 某国家机关一处长对被撤销职务不服

D. 认为行政机关违法要求其履行义务的

答案：C

（5）根据《行政诉讼法》的规定，行政案件的管辖一般由（　　）。

A. 原告所在地人民法院管辖

B. 被告所在地人民法院管辖

C. 限制人身自由所在地人民法院管辖

D. 最初作出行政行为的行政机关所在地人民法院管辖

答案：D

（6）根据《行政诉讼法》的规定，人民法院审理行政案件，由审判员组成合议庭，或者由审判员、陪审员组成合议庭。合议庭的成员，应当是（　　）。

A. 2人以上的双数　　B. 3人以上的单数

C. 4人以上的双数　　D. 5人以上的单数

答案：B

(7) 根据《行政诉讼法》的规定，提起行政诉讼必须具备的条件有（　　）。

A. 原告是认为行政行为侵犯其合法权益的公民、法人或者其他组织

B. 有明确的被告

C. 有具体的诉讼请求和事实根据

D. 属于人民法院的受案范围和受诉人民法院管辖

答案：ABCD

(8) 关于行政诉讼中的回避，正确的有（　　）。

A. 审判人员认为自己与本案有利害关系或者有其他关系，应当申请回避

B. 院长担任审判长时的回避，由审判委员会决定

C. 审判人员的回避，由院长决定

D. 当事人对回避决定不服的，可以申请复议

答案：ABCD

(9)《行政诉讼法》规定，人民法院审理行政案件的依据有（　　）。

A. 法律　　B. 企事业单位的内部文件

C. 地方性法规　　D. 行政法规

答案：ACD

(10) 诉讼期间，不停止行政行为的执行。但有下列情形之一的，裁定停止执行。（　　）

A. 被告认为需要停止执行的

B. 原告或者利害关系人申请停止执行，人民法院认为该行政行为的执行会造成难以弥补的损失，并且停止执行不损害国家利益、社会公共利益的

C. 人民法院认为该行政行为的执行会给国家利益、社会公共利益造成重大损害的

D. 法律、法规规定停止执行的

答案：ABCD

(11) 依照《行政诉讼法》的规定，下列哪些案件人民法院不予受理？（　　）

A. 国家行为

B. 抽象行政行为

C. 行政机关对其工作人员的奖惩、任免等决定

D. 申请行政机关履行保护人身权、财产权等合法权益的法定职责，行政机关拒绝履行或者不予答复的

答案：ABC

(12) 中级人民法院管辖下列哪些第一审行政案件？(　　)

A. 对国务院部门或者县级以上地方人民政府所作的行政行为提起诉讼的案件

B. 海关处理的案件

C. 省、自治区、直辖市范围内重大、复杂的案件

D. 全国范围内重大、复杂的第一审行政案件

答案：AB

(13) 下列关于行政诉讼时效的规定，正确的有（　　）。

A. 公民、法人或者其他组织不服复议决定的，可以在收到复议决定书之日起15日内向人民法院提起诉讼

B. 公民、法人或者其他组织直接向人民法院提起诉讼的，应当自知道或者应当知道作出行政行为之日起6个月内提出。法律另有规定的除外

C. 因不动产提起诉讼的案件自行政行为作出之日起超过5年，人民法院不予受理

D. 公民、法人或者其他组织申请行政机关履行保护其人身权、财产权等合法权益的法定职责，行政机关在接到申请之日起2个月内不履行的，公民、法人或者其他组织可以向人民法院提起诉讼

答案：ABD

(14) 行政行为有下列情形之一的，人民法院判决撤销或者部分撤销，并可以判决被告重新作出行政行为。(　　)

A. 主要证据不足的　　B. 适用法律、法规错误的

C. 违反法定程序的　　D. 超越职权或滥用职权的

答案：ABCD

2. 名词解释

行政诉讼	行政诉讼法	行政诉讼的受案范围
行政诉讼管辖	行政诉讼参加人	行政诉讼的当事人
行政诉讼的原告	行政诉讼的被告	行政诉讼的第三人
行政诉讼的起诉	行政诉讼案件的受理	简易程序
第二审程序	审判监督程序	行政诉讼证据
行政诉讼的判决	行政诉讼的裁定	行政诉讼的决定

3. 简答题

(1) 简述行政诉讼的特征。

(2) 简述行政诉讼的特有原则。

（3）简述行政诉讼的受案范围。

（4）简述行政诉讼的级别管辖。

（5）简述行政诉讼证据的种类。

（6）简述行政诉讼的简易程序。

（7）简述行政诉讼的判决。

4. 论述题

（1）论述行政诉讼的第一审程序。

（2）论述行政诉讼的特殊制度。

5. 案例分析

案例一

案情简介：

某区市场监督管理局与区消费者协会在对该区电器市场进行联合检查时，认为个体户张某销售的电器不符合规定的质量标准，便共同对张某作出罚款 2 000 元、没收所有电器的行政处罚决定。张某不服，决定向所在市的市场监督管理局申请复议。但他去该市的市场监督管理局的途中不幸遇车祸死亡。张某的儿子遂于第二天向该区人民法院提起行政诉讼，而没有先到所在市市场监督管理局申请复议。该诉讼以区市场监督管理局为被告，要求被告撤销行政处罚决定；同时张某的儿子一并提起行政赔偿诉讼，要求赔偿因没收电器而造成的经济损失。该区人民法院审理该案，追加该区消费者协会为共同被告，同时驳回行政赔偿请求，要求张某的儿子先向复议机关请求解决。

问题：

（1）张某的儿子未经行政复议便向人民法院起诉是否合法？他是否具有原告资格？

（2）区人民法院将区消费者协会和区市场监督管理局列为共同被告是否正确？为什么？

（3）区人民法院要求张某的儿子先向复议机关请求解决行政赔偿，是否正确？为什么？

简要分析：

（1）张某的儿子未经行政复议直接向区人民法院起诉是合法的。依据《行政诉讼法》的有关规定，公民、法人或者其他组织认为行政机关和行政机关工作人员的行政行为侵犯其合法权益，有权向人民法院提起诉讼。有权提起诉讼的公民死亡，其近亲属可以提起诉讼。张某作为有权提起行政诉讼的公民，其死后其儿子可以提起诉讼。

（2）不正确。因为根据《行政诉讼法》的规定，两个以上行政机关作出同一行政行为的，共同作出行政行为的行政机关是共同被告。本案中区消费者协会不是行政机关，不能作为共同被告，可以作为第三人参加诉讼。

（3）不正确。因为依据《行政诉讼法》的有关规定，赔偿请求人可以在提起行政诉讼时一并提出行政赔偿请求。

案例二

案情简介：

甲县宋某到乙县访亲，因醉酒被乙县公安局扣留24小时。宋某认为乙县公安局的行为违法，提起行政诉讼。

问题：

（1）本案扣留宋某的行为的法律性质是什么？

（2）本案的管辖法院有哪些？

（3）宋某的亲戚能否成为本案的第三人？

简要分析：

（1）对醉酒的人进行管束，以避免对其本人的危害或对他人的安全构成威胁的行为属于行政强制措施。

（2）甲县人民法院和乙县人民法院对此案均有管辖权。《行政诉讼法》规定，对限制人身自由的行政强制措施不服提起的诉讼，由被告所在地或者原告所在地人民法院管辖。“原告所在地”，包括原告的户籍所在地、经常居住地和被限制人身自由地。本案例中，甲县为宋某的户籍所在地，乙县为被告所在地、原告被限制人身自由地，这两地人民法院对此案均有管辖权。

（3）宋某的亲戚不能成为本案的第三人。《行政诉讼法》规定，公民、法人或者其他组织同被诉行政行为有利害关系但没有提起诉讼，或者同案件处理结果有利害关系的，可以作为第三人申请参加诉讼，或者由人民法院通知参加诉讼。“利害关系”既包括与被诉行政行为的利害关系，也包括与诉讼结果的利害关系；不仅包括直接利害关系，也包括间接利害关系。宋某的亲戚与被诉行政行为并无法律上的利害关系，不能成为本案的第三人。

案例三

案情简介：

因某市某区花园小区进行旧城改造，区政府作出《关于做好花园小区旧城改造房屋拆迁补偿安置工作的通知》（以下简称《通知》），王某等205户被拆迁户对该通知不服，向区政府申请行政复议，要求撤销该通知。区政府作出《行政复议告知书》，告知王某等被拆迁户向市政府申请复议。市政府作出《行政复议决定书》，认为《通知》是抽象行政行为，裁定不予受理复议申请。王某等205户被拆迁户不服市政府不予受理复议申请的决定，向人民法院提起诉讼。

问题：

（1）本案是否需要确定诉讼代表人？如何确定？

（2）行政诉讼中以复议机关为被告的情形主要包括哪些？

（3）若本案原告不服一审裁定，提起上诉的主要理由是什么？

简要分析：

（1）本案需要确定诉讼代表人。按照最高人民法院司法解释的规定，《行政诉讼法》第28条规定的“人数众多”，一般指10人以上。根据《行政诉讼法》第28条的规定，当事人一方人数众多的共同诉讼，可以由当事人推选代表人进行诉讼。当事人推选不出的，可以由人民法院在起诉的当事人中指定代表人。本案涉及205户，应当确定代表人。

（2）行政诉讼中以复议机关为被告的情形主要包括：经复议的案件，复议机关决定维持原行政行为的，作出原行政行为的行政机关和复议机关是共同被告；复议机关改变原行政行为的，复议机关是被告。复议机关在法定期限内未作出复议决定，公民、法人或者其他组织起诉原行政行为的，作出原行政行为的行政机关是被告；起诉复议机关不作为的，复议机关是被告。

（3）若本案原告不服一审裁定，提起上诉的主要理由是：复议机关不受理复议申请的行为是行政机关的一项具体行为，只要原告不服该复议决定，均可以上诉，人民法院应予受理。

第十二章 行政赔偿与行政补偿

学前思考练习

法律速查

1. 结合实际，思考赔偿与补偿的区别。
2. 请阅读《中华人民共和国国家赔偿法》（简称《国家赔偿法》）。

具体学习目标

1. 掌握行政赔偿和行政补偿的含义和特征；掌握行政赔偿和行政补偿的范围和方式；掌握行政赔偿请求人和行政赔偿义务机关；掌握行政追偿。
2. 理解行政赔偿的归责原则。
3. 了解行政赔偿和行政补偿的程序和计算标准。

具体考核要求

识记：（1）行政赔偿；（2）过错责任原则；（3）无过失责任原则；（4）违法

责任原则；（5）行政赔偿请求人；（6）行政赔偿义务机关；（7）行政赔偿的程序；（8）行政赔偿先行处理原则；（9）行政追偿；（10）国家赔偿方式；（11）国家赔偿费用；（12）追偿人；（13）被追偿人；（14）行政补偿。

领会：（1）行政赔偿的特征；（2）行政赔偿的归责原则；（3）行政赔偿的范围；（4）国家不承担赔偿责任的几种情形；（5）行政赔偿请求人的资格；（6）行政赔偿请求人的范围；（7）我国行政赔偿义务机关的几种类型；（8）行政赔偿先行处理原则的内容；（9）请求行政赔偿的要件；（10）行政赔偿的方式；（11）行政赔偿的提出与赔偿请求的处理；（12）追偿制度与赔偿制度的关系；（13）追偿的要件；（14）我国国家赔偿的方式；（15）人身权损害赔偿的计算标准；（16）财产权损害赔偿的计算标准；（17）行政补偿的特征；（18）行政补偿责任的构成条件；（19）行政补偿的范围与方式；（20）行政补偿的标准；（21）行政补偿的程序。

应用：运用行政赔偿和行政补偿理论分析案例。

本章名词术语

1. 行政赔偿是指行政机关及其工作人员行使职权侵犯公民、法人和其他组织的合法权益造成损害的，由国家给予受害人的赔偿。

2. 过错责任原则是指行政机关及其工作人员行使职权时，因过错给受害人的合法权益造成损失的，国家才承担赔偿责任。

3. 无过失责任原则也称严格责任原则或危险责任原则，是指不论行政机关及其工作人员是否有过失，只要其行使职权侵犯了受害人的合法权益，国家就应承担赔偿责任。

4. 违法责任原则是指行政机关及其工作人员违法行使职权，侵犯了受害人的合法权益造成损害时，国家应当承担赔偿责任。

5. 行政赔偿时效是指赔偿请求人行使赔偿请求权的有效期限。在此期限内，赔偿请求人如果不行使请求权，就丧失了得到行政赔偿的权利。

6. 行政追偿是指行政赔偿义务机关向受害人赔偿损失后，责令有故意或重大过失的工作人员或者受委托的组织或个人，承担部分或全部赔偿费用的制度。

7. 行政补偿是行政主体及其工作人员在行使职权的过程中，因其合法行为给无义务的特定公民、法人或者其他组织的合法权益造成损失，依法由国家给予补偿，如国家对征用土地的补偿、国家对军事征用的补偿等。

重点难点内容

一、行政赔偿的特征

行政赔偿具有以下特征：

（1）行政赔偿必须是由行政机关及其工作人员的行为引起的。

（2）行政机关及其公务员的行为必须是行使职权的行为。

（3）行政机关的行为必须具有违法性。

（4）损害必须已经发生。

（5）赔偿责任由国家承担。

二、行政赔偿的归责原则

归责原则是确定和判断行为人侵权责任的根据和标准，这种根据和标准体现了法律的价值判断，是确定和判断侵权人承担责任的理论基础。行政赔偿的归责原则为判断国家对行政机关及其工作人员的侵权行为是否应当承担法律责任提供了依据和标准。从理论和国外的立法实践来看，行政赔偿的归责原则主要有以下三种：

（1）过错责任原则。

（2）无过失责任原则。

（3）违法责任原则。

三、行政赔偿的范围

根据《国家赔偿法》的规定，行政机关及其工作人员行使职权时侵犯受害人的人身权和财产权，受害人有权请求国家赔偿。

1. 侵犯公民的人身权

行政机关及其工作人员在行使行政职权时有下列侵犯人身权情形之一的，受害人有取得赔偿的权利：

（1）违法拘留或者违法采取限制公民人身自由的行政强制措施的。

（2）非法拘禁或者以其他方法非法剥夺公民人身自由的。

（3）以殴打、虐待等行为或者唆使、放纵他人以殴打、虐待等行为造成公民身体伤害或者死亡的。

（4）违法使用武器、警械造成公民身体伤害或者死亡的。

（5）造成公民身体伤害或者死亡的其他违法行为。

2. 侵犯公民、法人和其他组织的财产权

行政机关及其工作人员在行使行政职权时有下列侵犯财产权情形之一的，受害人有取得赔偿的权利：

（1）违法实施罚款、吊销许可证和执照、责令停产停业、没收财物等行政处罚的。

（2）违法对财产采取查封、扣押、冻结等行政强制措施的。

（3）违法征收、征用财产的。

（4）造成财产损害的其他违法行为。

3. 不予赔偿的情形

国家的赔偿责任并不是无限的，各国立法在确立国家赔偿范围的同时，一般也都规定了免除国家赔偿责任的情形。根据《国家赔偿法》的规定，属于下列情形之一的，国家不承担赔偿责任：

（1）行政机关工作人员与行使职权无关的个人行为。

（2）因公民、法人和其他组织自己的行为致使损害发生的。

（3）法律规定的其他情形。

四、 行政赔偿请求人与行政赔偿义务机关

1. 行政赔偿请求人

行政赔偿请求人是指因其合法权益受到行政机关及其工作人员不法侵害而依法要求赔偿的公民、法人和其他组织。

（1）公民作为请求人。公民作为请求人包括以下两种情况：①受害公民或其监护人作为请求人。②受害公民的继承人和其他有扶养关系的亲属作为请求人。

（2）法人和其他组织作为请求人。法人和其他组织作为请求人包括以下两种情况：①受害的法人和其他组织作为请求人。②受害的法人或者其他组织终止的，其权利承受人有权要求赔偿。

2. 行政赔偿义务机关

（1）行政机关及其工作人员行使行政职权侵犯公民、法人或其他组织的合法权

益造成损害的，该行政机关为赔偿义务机关。

（2）两个以上行政机关共同行使行政职权时侵犯公民、法人或其他组织的合法权益造成损害的，共同行使行政职权的行政机关为共同赔偿义务机关。

（3）法律、法规授权的组织在行使授予的行政权力时侵犯公民、法人或其他组织的合法权益造成损害的，被授权的组织为赔偿义务机关。

（4）受行政机关委托的组织或者个人在行使受委托的行政权力时侵犯公民、法人或其他组织的合法权益造成损害的，委托的行政机关为赔偿义务机关。

（5）赔偿义务机关被撤销的，继续行使其职权的行政机关为赔偿义务机关；没有继续行使其职权的行政机关的，撤销该赔偿义务机关的行政机关为赔偿义务机关。

（6）经复议机关复议的，最初造成侵权行为的行政机关为赔偿义务机关；复议机关的复议决定加重损害的，复议机关对加重的部分履行赔偿义务。但如果赔偿请求人只对作出原行政决定的行政机关提起行政赔偿诉讼，作出原决定的行政机关为被告；如果赔偿请求人只对复议机关提起行政赔偿诉讼，仅以复议机关为赔偿义务机关。

（7）行政机关依据《行政诉讼法》的规定，申请人民法院强制执行行政行为，由于据以强制执行的根据错误而发生行政赔偿诉讼的，申请强制执行的行政机关为被告。

五、 行政赔偿的程序

《国家赔偿法》第9条第2款规定："赔偿请求人要求赔偿，应当先向赔偿义务机关提出，也可以在申请行政复议或者提起行政诉讼时一并提出。"因此，行政赔偿的程序有两种：一种是单独要求行政赔偿的程序；另一种是附带要求行政赔偿的程序。

赔偿义务机关逾期不予赔偿或者赔偿请求人对赔偿数额有异议，赔偿请求人可以自期限届满之日起3个月内，向人民法院提起诉讼。

赔偿请求人请求国家赔偿的时效为2年，自其知道或者应当知道国家机关及其工作人员行使职权时的行为侵犯其人身权、财产权之日起计算，但被羁押等限制人身自由期间不计算在内。在申请行政复议或者提起行政诉讼时一并提出赔偿请求的，适用《行政复议法》《行政诉讼法》有关时效的规定。

六、 行政赔偿的方式和计算标准

1. 行政赔偿的方式

在我国，行政赔偿以支付赔偿金为主要方式。根据《国家赔偿法》的规定，行政赔偿的方式有以下四种：

（1）支付赔偿金。

（2）返还财产。

（3）恢复原状。

（4）消除影响、恢复名誉、赔礼道歉。

上述四种方式可以独立适用，也可以并用。

2. 行政赔偿的计算标准

（1）侵犯公民人身自由的赔偿标准。根据《国家赔偿法》第33条的规定，侵犯公民人身自由的，每日赔偿金按照国家上年度职工日平均工资计算。

（2）侵犯公民生命健康权的赔偿标准。根据《国家赔偿法》第34条的规定，侵犯公民生命健康权的，赔偿金按下列规定计算：①造成身体伤害的，应当支付医疗费、护理费，以及赔偿因误工减少的收入。减少的收入每日的赔偿金按照国家上年度职工日平均工资计算，最高额为国家上年度职工年平均工资的5倍。②造成部分或者全部丧失劳动能力的，应当支付医疗费、护理费、残疾生活辅助具费、康复费等因残疾而增加的必要支出和继续治疗所必需的费用，以及残疾赔偿金。残疾赔偿金根据丧失劳动能力的程度，按照国家规定的伤残等级确定，最高不超过国家上年度职工年平均工资的20倍。造成全部丧失劳动能力的，对其扶养的无劳动能力的人，还应当支付生活费。③造成死亡的，应当支付死亡赔偿金、丧葬费，总额为国家上年度职工年平均工资的20倍。对死者生前扶养的无劳动能力的人，还应当支付生活费。生活费的发放标准，参照当地最低生活保障标准执行。被扶养的人是未成年人的，生活费给付至18周岁止；其他无劳动能力的人，生活费给付至死亡时止。

行政机关及其工作人员在行使行政职权时有侵犯人身权情形之一，致人精神损害的，应当在侵权行为影响的范围内，为受害人消除影响、恢复名誉、赔礼道歉；造成严重后果的，应当支付相应的精神损害抚慰金。

（3）侵犯公民、法人或其他组织财产权的赔偿标准。根据《国家赔偿法》第36条的规定，侵犯公民、法人和其他组织的财产权造成损害的，按照下列规定处理：①处罚款、罚金、追缴、没收财产或者违法征收、征用财产的，返还财产。②查封、扣押、冻结财产的，解除对财产的查封、扣押、冻结，造成财产损坏或者灭失的，依照本条第③④项的规定赔偿。③应当返还的财产损坏的，能够恢复原状的恢复原状，不能恢复原状的，按照损害程度给付相应的赔偿金。④应当返还的财产灭失的，给付相应的赔偿金。⑤财产已经拍卖或者变卖的，给付拍卖或者变卖所得的价款；变卖的价款明显低于财产价值的，应当支付相应的赔偿金。⑥吊销许可证和执照、责令停产停业的，赔偿停产停业期间必要的经常性费用开支。⑦返还执行的罚款或者罚金、追缴或者没收的金钱，解除冻结的存款或者汇款的，应当支付银行同期存款利息。⑧对财产权造成其他损害的，按照直接损失给予赔偿。

七、 行政追偿

行政追偿是指行政赔偿义务机关向受害人赔偿损失后，责令有故意或重大过失的工作人员或者受委托的组织或个人，承担部分或全部赔偿费用的制度。行政追偿的成立条件是：

（1）前提条件：必须有违法行政行为导致合法权益受损害。

（2）客观条件：行政赔偿义务机关已向受害人实际履行了赔偿义务。

（3）主观条件：被追偿人违法行使行政职权时在主观上必须存在重大过错，即故意或重大过失。

八、 行政补偿的特征

（1）行政补偿是对合法行使行政职权而给公民、法人或者其他组织造成的损失给予补救。

（2）行政补偿是为了公共利益不得已而损害了公民、法人或者其他组织的合法权益时，对无义务的特定人作出的特别牺牲所给予的补偿，遭受损害的相对人并没有特别的义务要承受这一负担。

（3）行政补偿主要是一种财产上的补偿。

（4）行政补偿一般为事前补偿。

九、 行政补偿责任的构成条件

国家承担行政补偿责任应当符合下列条件：

（1）造成损害的行为必须是合法的行政行为。

（2）必须存在直接的物质损失。

（3）受到损害的必须是无法定义务的特定人。

十、行政补偿的原则、范围与方式

1. 行政补偿的原则

在我国，涉及行政补偿的法律、法规，大多规定了“相应补偿”的原则。

2. 行政补偿的范围

行政补偿一般以补偿直接损失和物质损失为限。直接损失是指行政行为造成的财产的减少或财产价值的降低，但不包括预期利益的丧失。物质损失是指财产上的损失，有时也可以包括人力上的损失，但不包括精神损害。

从立法来看，下列行为造成的损害应当给予补偿：

（1）土地征用。

（2）房屋拆迁。

（3）军事征调。

（4）公用征收。

（5）公用征调。

（6）公务合作行为。

3. 行政补偿的方式

行政补偿一般以金钱补偿为主。除金钱补偿外，还可以采用支付实物予以补偿。

课后思考练习

1. 选择题

（1）《国家赔偿法》规定，对赔偿请求人取得的赔偿金（　　）。

A. 应当征税　　B. 可以征税

C. 不予征税　　D. 减低比例征税

答案：C

（2）某行政机关违法作出没收公民张某的录像机的决定，张某气愤之极而砸毁了自己的录像机。对此，（　　）。

A. 国家承担行政赔偿责任　　B. 国家承担部分行政赔偿责任

C. 国家承担大部分行政赔偿责任　　D. 国家不承担行政赔偿责任

答案：D

（3）下列属于行政赔偿方式的有（　　）。

A. 返还财产　　B. 恢复名誉

C. 恢复原状　　D. 支付赔偿金

答案：ABCD

（4）国家机关行使追偿权，必须具备的条件有（　　）。

A. 行政机关的工作人员已经向受损失的公民、法人或者其他组织支付了赔偿金、返还了财产或恢复了原状

B. 赔偿义务机关已经向受损失的公民、法人或者其他组织支付了赔偿金、返还了财产或恢复了原状

C. 公民、法人或者其他组织已经提出行政赔偿的请求

D. 行政机关工作人员及受委托的组织或个人对加害行为有故意或重大过失

答案：BD

（5）在行政赔偿中，经复议机关复议，复议机关加重损害的，复议机关对（　　）的部分履行赔偿义务。

A. 全部　　B. 最初

C. 加重　　D. 不承担任何赔偿义务

答案：C

（6）在行政赔偿中，赔偿请求人要求赔偿，（　　）先向赔偿义务机关提出。

A. 可以　　B. 应当　　C. 有权　　D. 不能

答案：B

（7）行政赔偿请求人根据受到的不同损害，可以（　　）提出数项请求。

A. 分别　　B. 同时　　C. 依次　　D. 各自

答案：B

（8）行政赔偿义务机关应当自收到申请之日起（　　）内作出是否赔偿的决定。

A. 2个月　　B. 3个月　　C. 6个月　　D. 1年

答案：A

（9）对行政赔偿数额有异议的，赔偿请求人可以自期限届满之日起（　　）内向人民法院提起诉讼。

A. 2个月　　B. 3个月　　C. 6个月　　D. 1年

答案：B

（10）行政机关及其工作人员在行使职权时有下列情形之一的，受害人有取得

赔偿的权利。(　　)

A. 违法拘留的

B. 非法剥夺公民人身自由的

C. 违法使用武器、警械造成公民身体伤害的

D. 违法征收、征用财产的

答案：ABCD

(11)《国家赔偿法》规定，受害的公民死亡，其（　　）有权要求赔偿。

A. 近亲属　　B. 继承人

C. 法定代表人　　D. 其他有扶养关系的亲属

答案：BD

(12)《国家赔偿法》规定，属于下列情形之一的，国家不承担赔偿责任。(　　)

A. 与行使职权无关的个人行为

B. 因公民自己的行为致使损害发生的

C. 犯罪已过追诉时效期限的人被羁押的

D. 对没有犯罪的人错误逮捕的

答案：ABC

(13)《国家赔偿法》规定，赔偿请求人可以以（　　）方式提出赔偿请求。

A. 书面　　B. 委托他人代书

C. 口头　　D. 其他方式

答案：ABC

(14) 某区公安分局以蔡某殴打孙某为由对蔡某拘留 10 日并处罚款 500 元。蔡某向人民法院起诉，要求撤销处罚决定和赔偿损失。第一审人民法院经审理认定处罚决定违法。下列哪一项是正确的？(　　)

A. 蔡某所在地的人民法院对本案无管辖权

B. 第一审人民法院应判决撤销拘留决定，返还罚款 500 元，按照国家上年度职工日平均工资赔偿拘留 10 日的损失和一定的精神抚慰金

C. 如第一审人民法院的判决遗漏了蔡某的赔偿请求，第二审人民法院应当裁定撤销一审判决，发回重审

D. 如蔡某在二审期间提出赔偿请求，第二审人民法院可以进行调解，调解不成的，应告知蔡某另行起诉

答案：D

(15) 从我国行政补偿的实践看，行政补偿的主要方式是（　　）。

A. 支付赔偿金　　B. 恢复原状
C. 间接损失补偿　　D. 安排就业

答案：A

（16）在有些情况下，给相对人合法权益造成损害的合法行政行为是为了第三人的利益，这时承担补偿责任的应是（　　）。

A. 作出该行为的行政机关　　B. 当地人民政府
C. 不予补偿　　D. 受益的第三人

答案：D

（17）《中华人民共和国土地管理法》规定，集体土地的征收、征用的补偿主要包括（　　）。

A. 支付土地补偿费　　B. 土地附着物补偿费
C. 青苗补偿费　　D. 安置补偿费

答案：ABCD

（18）国家对于下列行为所造成的损失一般应予补偿。（　　）

A. 行政机关合法执行公务导致相对人权益受损
B. 国家实行宏观经济调控政策所造成的损失
C. 公民因主动协助公务和见义勇为，使自己的身体或财产受到损害
D. 损失人可从保险或其他途径得到补救

答案：AC

（19）国家承担行政补偿责任应当符合下列条件。（　　）

A. 造成损害的行为必须是合法的行政行为
B. 必须存在直接的物质损失
C. 存在一定的精神损失
D. 受到损害的必须是无法定义务的特定人

答案：ABD

（20）赔偿请求人请求行政赔偿的，赔偿义务机关（　　）。

A. 可以收取一定的费用
B. 不得收取超额费用
C. 不得向赔偿请求人收取任何费用
D. 无相关法律规定

答案：C

（21）根据《国家赔偿法》的规定，行政赔偿的范围包括（　　）。

A. 损害公民人身自由权的赔偿

B. 损害公民生命健康权的赔偿

C. 第三人过错引起的赔偿

D. 损害财产权的赔偿

答案：ABD

(22) 国家不承担行政赔偿责任的情形有（　　）。

A. 行政机关工作人员与行使职权无关的个人行为

B. 因受害人自己的行为致使损害发生的

C. 不可抗力

D. 损害公民、法人或其他组织的财产权

答案：ABC

2. 名词解释

行政赔偿　　行政赔偿时效　　行政追偿　　行政补偿

3. 简答题

(1) 简述行政赔偿的特征。

(2) 简述行政赔偿的归责原则。

(3) 简述行政赔偿请求人。

(4) 简述行政赔偿义务机关。

(5) 简述行政赔偿的程序。

(6) 简述行政追偿的概念和成立条件。

(7) 简述行政补偿的特征。

(8) 简述行政补偿责任的构成条件。

(9) 简述行政补偿的范围与方式。

4. 论述题

(1) 论述行政赔偿的范围。

(2) 论述行政赔偿的方式和计算标准。

(3) 论述行政补偿。

5. 案例分析

案例一

案情简介：

20××年4月5日，县交通运输局执法人员甲在整顿客运市场秩序的执法活动中，滥用职权致使乘坐在非法营运车辆上的孕妇乙重伤，检察机关对甲提起公诉。

问题：

孕妇乙如何保障自己的合法权益？

简要分析：

孕妇乙提起行政赔偿诉讼，要求甲所在行政机关承担国家赔偿责任。《国家赔偿法》第3条规定："行政机关及其工作人员在行使行政职权时有下列侵犯人身权情形之一的，受害人有取得赔偿的权利……造成公民身体伤害或者死亡的其他违法行为。"县交通运输局执法人员甲在执行公务时滥用职权致使孕妇乙受重伤，孕妇乙可以提起行政赔偿诉讼。

案例二

案情简介：

甲县人民政府在强行拆除乙厂未经批准建造的房屋时，未及时通知乙厂，也未制作物品清单，房屋内的物品被毁损。该强制拆除行为后因违反法定程序被人民法院判决确认违法。20××年12月，乙厂被市场监管部门吊销营业执照。次年1月，乙厂向人民法院提起行政诉讼，要求甲县人民政府赔偿建房投入和物品损失。

问题：

（1）乙厂是否具有原告资格？说明理由。

（2）因乙厂被拆房屋为违法建筑，分析乙厂的请求是否成立？

简要分析：

（1）甲县人民政府强行拆除乙厂房屋，乙厂是甲县人民政府强行拆除行为的相对人，当然具有原告资格。一般地，经企业法人登记机关核准注销登记，其企业法人资格终止。因此，乙厂在企业法人登记被注销之前起诉是具有原告资格的。

（2）乙厂的请求包括两项：一是要求甲县人民政府赔偿建房投入，二是要求赔偿物品损失。因为乙厂被拆房屋为违法建筑，所以要求甲县人民政府赔偿建房投入是不成立的；房屋内的物品被毁损是强制拆除违反法定程序造成的，该请求成立，依法可以得到支持。